Nuestro regalo para Usted

Gracias por comprar este libro y apoyar el trabajo del *Prosperity Economics Movement* (Movimiento Economía de la Prosperidad), que está creando alternativas significativas a los mitos, costos, conjeturas y riesgos de la planificación financiera "típica". Como agradecimiento, le estamos dando un informe especial GRATUITO de 16 páginas:

Permiso para Gastar: *cómo gastar su capital,*
ahorrar una fortuna en impuestos,
aumentar su flujo de efectivo
... ¡y nunca quedarse sin dinero!

Obtenga su copia gratuita en:
ProsperityPeaks.com/Permission.

También por Kim D. H. Butler:

Busting the Financial Planning Lies (Acabando con las mentiras de la planificación financiera: aprender a usar la prosperidad Economía para construir riqueza sostenible)
(Disponible en Amazon.com o ProsperityPeaks.com)

Busting the Retirement Lies (Acabando con las mentiras de la jubilación: Vivir con pasión, propósito y Abundancia a lo largo de nuestras vidas)
(Disponible en Amazon.com, ProsperityPeaks.com, u obtener el libro de audio en Audible.com)

Busting the Interest Rate Lies (Acabando con la mentira de la tasa de interés: usando la economía de la prosperidad para Entender toda la verdad sobre el dinero)
(Disponible en Amazon.com)

Financial Planning Has Failed (La Planificación Financiera Ha Fallado: ¡Ignore el asesoramiento financiero típico y cree riqueza sostenible... sin riesgos de Wall Street!)
(Disponible como parte de nuestro paquete complementario Prosperity Accelerator Pack. Regístrese para obtener acceso instantáneo en Partners4Prosperity.com / subscribe)

Busque estos próximos libros de Kim Butler y Prosperity Economics Movement:

Busting the Mutual Fund Lies (Acabando con las mentiras del fondo mutuo)

Busting the Life Insurance Lies (Acabando con las mentiras del seguro de vida)

Alabanza por *Vive tu Seguro de Vida*:

"Esta es la forma de ver el seguro de vida. Kim Butler tiene una visión única y refrescante de los seguros de vida. En lugar de solo recibir el beneficio de su seguro cuando usted muere, ella explica cómo usarlo mientras está vivo. Ella explica claramente cómo el seguro de vida puede ser un activo a lo largo de su vida. También soy uno de los clientes de Kim, y puedo decir honestamente que el seguro, como ella explica, funciona igual que lo hace en *Vive tu Seguro de Vida*. Un gran libro y una nueva forma de pensar acerca del seguro de vida que todos deberían leer".

Tom Wheelwright, CPA
Autor de Riqueza libre de Impuestos

"Un gran libro para aquellos que buscan una mejor manera de vivir su vida fuera del manual de planificación financiera. Kim ofrece un mejor camino para ahorrar para toda tu vida".

Ken Trainor

"Conciso e iluminador! Kim Butler es el verdadero negocio. Este pequeño libro explica claramente el concepto de Seguro de Vida Entera y sus muchos beneficios más allá de proporcionar un beneficio por muerte".

Linda R.
Reseña de Amazon.com

"Misterio descubierto: hacer que el dinero trabaje el doble de duro para ti. Este libro... muestra formas creativas (¡incluso sorprendentes!) De utilizar ciertos tipos de seguros para generar un crecimiento de su dinero con impuestos diferidos o libres de impuestos... ".

Peter Sorrels

"Este es un libro muy bueno para el inversor profesional o experimentado... es técnico y bastante conciso. Buenas estrategias para el profesional de seguros".

Jim Gaskins

"Corto y sencillo, pero vale la pena leerlo. Este libro es una lectura simple pero no te dejes engañar por su brevedad. Vale su peso en oro especialmente para aquellos que poseen una póliza de seguro de vida completa. Este producto puede ser difícil de entender, pero Kim hace un excelente trabajo al resaltar los méritos del producto y lo que puede hacer por usted. Recomiendo altamente esto a cualquiera que tenga una póliza de seguro de vida completa".

Sam B.
Amazon.com revisión

"Recomendaría este libro a cualquier persona dispuesta a cuestionar el status quo actual de los consejos de inversión que están siendo emitidos por los llamados expertos. Es un gran complemento para otros libros sobre el tema (cualquiera de Nelson Nash, *Financial Independence in the 21st Century* [*Independencia financiera en el siglo XXI*], *The Power of Zero* [*El Poder del Cero*]) y brinda excelentes definiciones de todos los términos básicos asociados con Infinite Banking / Income for Life, así como brindar posibles escenarios a medida que envejece y cambian sus necesidades financieras. Estoy listo para empezar! "

N. Green
Amazon.com revisión

"Libro muy útil. Kim Butler... claramente presenta el hecho poco conocido de que "el primer Beneficiario de su póliza de seguro de vida debería ser USTED". Conozco a Kim desde hace años, y he verificado estos conceptos en los últimos 25 años, incluso más de lo que la conozco. Este es un excelente enfoque de sentido común para las finanzas personales, y no podría llegar en un mejor momento".

Bobby Mattei
R.S. Mattei y Asociados

"Lo importante del asunto. Sería difícil encontrar a otra persona en el planeta con más conocimiento práctico del poder del seguro de vida completa y la gran cantidad de usos para esta herramienta financiera más infravalorada y, a menudo, abusada que Kim Butler. El libro de Kim proporciona ejemplos específicos de los beneficios de la vida entera como un contrato de vida en el que el propietario es el primer beneficiario del producto. El seguro de vida, adecuadamente estructurado y utilizado es sin duda LA herramienta financiera más potente para crear riqueza para las familias, los dueños de negocios y las personas ... El libro de Kim es una adición bienvenida al creciente clamor por Información precisa y viable para aquellos que desean crear, usar y mantener la riqueza sin recurrir al juego en los mercados".

Jim Kindred
Grupo de Estrategias Financieras

SEGUNDA EDICIÓN REVISADA

Vive tu Seguro de Vida

Estrategias sorprendentes para construir la prosperidad de toda la vida con su póliza de Vida Total

KIM D. H. BUTLER

PROSPERITY ECONOMICS MOVEMENT

Prosperity Economics Movement
ProsperityPeaks.com
22790 Hwy 259 South
Mt. Enterprise, TX 75681

Pathways to Prosperity y *The 7 Principles of Prosperity* son marcas comerciales de *Partners for Prosperity, Inc.*

Primera edición española. Producido en los Estados Unidos de América.

ISBN: 978-0-9913054-6-9

Para solicitar este libro, visite www.LiveYourLifeInsurance.com.

Esta publicación está diseñada para proporcionar información precisa y autorizada en relación con el tema cubierto. Se vende en el entendido de que el editor no se dedica a prestar servicios legales, contables u otros servicios profesionales a través del contenido de esta publicación o en relación con las circunstancias específicas de sus lectores. Si necesita asesoramiento legal u otro tipo de asistencia de expertos, debe buscar los servicios de un profesional competente a través de la persona que lo refirió a este libro.

Este libro se publicó con la guía y los servicios de Social Motion Publishing, una corporación benéfica que se especializa en libros relacionados con la causa. Para obtener más información, vaya a SocialMotionPublishing.com.

Contenido

Prólogo

Hace décadas, comencé a construir calculadoras financieras que podían comparar varios vehículos financieros. En la actualidad, sigo creando software financiero y calculadoras que tienen en cuenta muchos factores diferentes, como las tasas de rendimiento variables, el impacto de las tarifas y los impuestos, y las diferentes estrategias de distribución. Estaba, y todavía estoy, impulsada a descubrir "toda la verdad" sobre cómo funciona el dinero.

A muchas personas, incluida yo misma, nos ha sorprendido que los cálculos matemáticos revelen que un producto financiero muy alineado y, a menudo, mal entendido es en realidad superior en muchos aspectos a otros productos financieros, cuando se consideran todos los factores. A menudo he dicho que si la gente realmente entendiera este producto, harían fila alrededor de la cuadra para comprarlo. Ese producto está participando (el pago de dividendos) del seguro mutuo de vida completo.

Se dice, "los números no mienten", aunque se pueden usar para decir medias verdades. Si ha escuchado o leído información negativa en línea (a menudo, la publican aquellos que no tienen licencia para brindar asesoramiento financiero), le insto a que deje de lado sus ideas preconcebidas y obtenga los datos.

Los números revelan que el valor en efectivo de todo el seguro de vida supera a otros vehículos financieros seguros y líquidos cuando se mantiene a largo plazo. Cuando se incluyen los beneficios fiscales, los dividendos (pagados cada año durante más de 150 años) y el beneficio por muerte, los rendimientos a menudo son mejores que los del mercado de valores. Y cuando se comparan las estrategias de distribución, una vez más, el seguro de vida completo sorprende con su eficiencia.

Pero los números no revelan todo.

¿Cómo calcula el valor de la liquidez y las oportunidades que surgen cuando tiene garantías de alta calidad y acceso garantizado al dinero?

¿Cómo puede comparar un seguro de vida completo con una cuenta de jubilación calificada que algún día se dividirá entre el gobierno y el inversionista que tendrá que pagar impuestos sobre la renta a una tasa más alta "probablemente determinada"?

¿Cómo mide la estabilidad de las empresas que han estado pagando dividendos décadas antes de que existiera la industria de fondos mutuos? Es igualmente difícil cuantificar el valor de la paz mental de saber que su valor en efectivo y su beneficio de muerte solo aumentarán con el tiempo.

¿Y hemos considerado la importancia del hecho de que las compañías mutuas de seguros de vida no tienen accionistas? Las compañías mutuas son propiedad de los asegurados que reciben, además de los modestos mínimos garantizados, TODAS las ganancias de la compañía, después de los costos y las reservas requeridas, en forma de dividendos.

Esta propiedad mutua permite que las compañías de seguros mutuos tomen decisiones financieras sólidas a largo plazo que beneficien a los asegurados. No tienen accionistas ni ejecutivos de 8 cifras que compitan con los asegurados por las ganancias, ni se ven presionados para aumentar las ganancias de este trimestre con decisiones miopes.

En la divulgación completa de lo que puede percibirse como mi propio conflicto de intereses, el autor de este libro es mi esposa, Kim. Ambos estábamos convencidos de la validez del seguro de vida completo como resultado de ver toda la verdad del mismo, lo que nos tomó por sorpresa a ambos. Ahora tenemos muchas pólizas entre nosotros, sobre otros miembros de la familia inmediata y sobre empleados clave.

Estoy agradecido por este libro y espero que sirva, de alguna manera, para corregir lo que parece ser un error en el mundo financiero. El seguro de vida completo se abandonó en gran parte en la década de 1990 debido a los 401 (k) y al aumento de los fondos mutuos. En los últimos años, el interés ha aumentado a medida que Kim y otros autores y educadores financieros han reeducado al público sobre los beneficios del seguro de vida. Me complace decir que creo que esta versión revisada y ampliada de Vive tu Seguro de Vida hará que más personas que nunca consideren o simplemente obtengan el mejor uso de este activo valioso pero que a menudo se pasa por alto.

Todd Langford
TruthConcepts.com

Introducción

Es extraño que hablar de seguros de vida sea principalmente una discusión sobre la muerte. ¿Quién quiere hablar de la muerte? ¡Ninguno! Entonces, aunque este libro habla sobre el seguro de vida, es un libro sobre la vida y vivirla: vivir con, usar y beneficiarse de su propia póliza de seguro de vida. Como lo expresó un amigo, "el primer beneficiario de su póliza de seguro de vida debería ser USTED".

Después de leer este libro, se dará cuenta de que el beneficio por muerte es solo un componente importante de una póliza de seguro de vida. Descubrirá cómo utilizar su valor en efectivo y muchas otras formas en que puede usar su propia póliza de seguro de vida para disfrutar de la prosperidad... mientras esté vivo y bien.

El seguro de vida es uno de los productos financieros más antiguos, pero también es uno de los más incomprendidos. La gente discute su eficacia desde todos los ángulos, pero rara vez es defendida. Es decir, hasta hace poco. Después de más de veinte años de negocios dentro de la industria de servicios financieros, recientemente hemos visto algunas notas positivas en la prensa acerca de que el seguro de vida completo es un buen lugar para almacenar dinero.

En estas páginas, descubrirá por qué creemos que no hay un lugar mejor para su efectivo que una póliza de vida entera participativa (que paga dividendos) de una compañía de seguros de vida mutua. ¿Qué otro producto financiero ha resistido la prueba del tiempo, pagando dividendos cada año durante más de 150 años, durante guerras, recesiones, incluso la Gran Depresión? No conocemos nada más que el seguro de vida entera.

Los vehículos tradicionales de efectivo, como las cuentas de ahorro, los certificados de depósito y las cuentas del mercado monetario, carecen de la flexibilidad y las ventajas del seguro de vida. ¡Y desde hace varios años, las tasas han tocado fondo casi el 1% o menos en muchos instrumentos de ahorro!

Toda la vida ha demostrado ser un refugio seguro para el efectivo que puede superar la inflación, así como una opción inteligente para el seguro de vida permanente. Y debido a que las pólizas de seguro de vida total vienen con un beneficio de muerte permanente, son instrumentos de ahorro que se "auto-completan". Usted comienza a financiar su póliza y la compañía de seguros finaliza, aumentando aún más el valor del seguro de vida como un activo.

Desafortunadamente, las pólizas de vida total se subutilizan con demasiada frecuencia o, lo que es peor, se rinden porque el propietario de la póliza no tiene un "manual del propietario" que les diga cómo usar la póliza de manera efectiva.

Vive tu Seguro de Vida es el manual del propietario que falta.

Al ofrecer principios, conceptos, historias y ejemplos simples, *Vive tu Seguro de Vida* lo ayudará a aprovechar al máximo su póliza de vida. Además, le mostrará cómo su póliza de vida entera puede ayudarlo a aprovechar al máximo todos sus activos.

Este pequeño libro fue escrito originalmente solo para mis propios clientes que ya habían comprado pólizas de seguro de vida. Encontré necesario explicar muchas historias y conceptos una y otra vez para recordar a mis clientes los muchos usos valiosos de su póliza.

Con el tiempo, otros asesores financieros también comenzaron a usar este libro. Si bien nunca fue la intención de "vender" un seguro de vida, he agregado un capítulo en esta versión revisada y ampliada que explica los beneficios de un seguro de vida más completo para cualquier persona que no esté familiarizada con él.

¿Por qué toda la vida?

Este libro trata sobre los dos tipos de seguro de vida más antiguos que conoce el hombre: seguro de vida total y de término, con especial atención a las estrategias creativas de creación de riqueza con seguro de vida total.

Reconocemos que la vida universal, la vida universal

variable y la vida universal indexada por equidad pueden funcionar con algunas de las estrategias de este libro. No abordamos específicamente estos otros tipos de seguros permanentes por los siguientes motivos:

- Las primas a menudo no están garantizadas (la cantidad que paga puede variar, tanto al alza como a la baja)
- No se garantiza una cantidad mínima de valor en efectivo (toda la vida tiene una base nueva establecida cada año)
- Solo se garantiza una tasa de interés (lo que no significa nada si su cuenta no tiene dinero, o si los costos de mortalidad y las tarifas de la póliza superan sus ganancias en valor en efectivo)
- Los beneficios por fallecimiento no están garantizados sin un cargo extra
- Las suposiciones de mortalidad pueden cambiar y son muy difíciles de entender.
- Las pólizas indexadas brindan una cobertura deficiente contra el mercado de valores (¿no debería el seguro de vida ser la parte segura, confiable y en constante crecimiento de su cartera?)
- Falta de pruebas de que estos nuevos tipos de seguros de vida funcionen a largo plazo (hemos visto que algunas pólizas mal estructuradas pierden valor o incluso se vuelven inútiles, así como ilustraciones de pólizas que muestran un ridículo 20% + de ganancias anuales).

- No todos los tipos de seguros de vida permanentes otorgan, lo que me hace preguntarme por qué se los denomina "permanentes". Cuando una póliza otorga, digamos a la edad de 100 años o más (el contrato de la póliza lo especificará), el propietario de la póliza en realidad recibe el beneficio por fallecimiento. El valor en efectivo es igual al beneficio por muerte en ese momento (reste los préstamos e intereses de la póliza pendientes).

- La financiación insuficiente se promueve como una forma de reducir el costo del seguro de vida, que entiende completamente la naturaleza y el beneficio del seguro. Preguntamos, si el seguro de vida es una forma buena y útil de aumentar sus activos, ¿por qué quiere poner la menor cantidad en ellos?

El valor de ahorrar dinero se exalta cuando un ahorrador abre una cuenta de ahorros y continúa ahorrando tanto como puede. Sin embargo, cuando ahorran en una póliza de seguro de vida, las personas a menudo intentan poner la menor cantidad de dinero posible, minimizando así el beneficio del valor en efectivo.

Es natural hacer esto porque normalmente pensamos en los seguros como un costo o un gasto, no como un lugar para hacer dinero. En realidad, la forma de "ahorrar dinero" es poniendo MÁS en una póliza, ¡no menos! El uso del seguro de vida para almacenar efectivo genera liquidez, que luego puede utilizarse de muchas maneras, como veremos en este libro. También exploraremos cómo utilizar su beneficio por fallecimiento para mejorar su propia posición financiera.

Como usar este libro

Hemos dividido *Vive tu Seguro de Vida* en cuatro secciones:

1. **Creando riqueza para la Vida** ofrece una visión general de los beneficios del seguro de vida y responde a algunas "preguntas frecuentes" que se abordan mejor antes que después.

2. **Vivir con su valor en efectivo** incluye las dos primeras fases, que son la fase de inicio de la póliza (años 1 a 5) y la fase de aprovechamiento de oportunidades y capacidad de inversión.

3. **El uso de su beneficio por fallecimiento mientras está vivo** incluye la Fase 3, el gasto de otros activos, la Fase 4, el uso del Beneficio por fallecimiento o el valor nominal, y la Fase 5, la configuración del Banco de la familia.

4. **Glosario**—Definiciones de las partes de trabajo (querrá consultar esta sección en todo el libro).

Contamos historias sobre cada una de las cinco fases de la póliza en las partes 2 y 3. Estas historias son esencialmente estudios de casos compuestos que brindan ejemplos que pueden ser relevantes para usted, ya sea ahora o más adelante en la vida. Independientemente de su edad, aún puede comenzar desde el principio, pero puede omitir algunas de las fases intermedias y luego implementar las posteriores.

Y dado que "las preguntas son infinitamente más valiosas que las respuestas", según Dan Sullivan, propietario de El Coach Estratégico, habrá preguntas a lo largo del libro para que pienses. Algunos de ellos incluso tienen respuestas. Luego comienza la diversión: la combinación de todos los conceptos es lo que realmente hace que el seguro de vida funcione.

Así que "mantén tu mente abierta" (como canta Anna Sophia Robb en el tema principal de la película *The Bridge to Terabithia*) y comencemos un viaje a través de la vida *llena* de tu seguro de vida.

> > > > > > > PARTE **I**

CREAR RIQUEZA
PARA LA VIDA

¿Quién puede beneficiarse del seguro de vida?

El seguro de vida a menudo se compara con el beneficio solo por fallecimiento y se menciona como algo que "necesita" solo si tiene dependientes. Esta es una comprensión limitada del seguro de vida permanente y sus beneficios de vida. Lamentablemente, incluso muchos planificadores financieros certificados tienen un mal entendimiento del poder potencial y los usos de una póliza de seguro de vida debidamente estructurada.

En contraste, las corporaciones y los bancos entienden exactamente cómo usar el seguro de vida para su beneficio. Es un estado revelador de la industria financiera que las corporaciones financieras hacen una cosa con su dinero y aconsejan a los estadounidenses que hagan otra cosa con su dinero, pero tal vez podamos aprender del ejemplo. COLI (seguro de vida de propiedad corporativa) y BOLI (seguro de vida de banco) se utilizan para aumentar la liquidez y hacer crecer el dinero en un entorno con ventajas fiscales, así como para financiar los beneficios y la compensación de los empleados.

Por supuesto, el seguro de vida no es solo para bancos y corporaciones, aunque los bancos y las corporaciones ponen miles de millones de dólares en seguros de vida por buenas razones financieras. El seguro de vida tampoco es solo para los padres con hijos u otros dependientes, a pesar de que asegurar el sostén de la familia proporciona una protección importante para las familias. Tampoco tiene que ser un individuo de alto patrimonio neto que desee transferir la riqueza a los herederos para beneficiarse del seguro de vida, aunque a menudo es utilizado por aquellos que desean proteger ganancias, regalos y herencias de los impuestos evitables.

Puedes aprender a usar un seguro de vida para tu beneficio. En la mayoría de los casos, las estrategias y conceptos en este libro pueden aplicarse a hombres y mujeres de todas las edades, situaciones de salud y antecedentes financieros. Toda la vida ha sido utilizada por presidentes, padres solteros de clase media, pioneros de negocios, jubilados y jóvenes profesionales solteros. Las formas en que se puede utilizar el seguro de vida para aumentar la seguridad financiera para usted y sus beneficiarios solo están limitadas por su imaginación.

¿Cuánto seguro realmente «necesito»?

A menudo se pregunta: "¿Cuánto seguro de vida necesito?" *Pero esta es una pregunta engañosa.*

Discutimos el seguro de vida (nota que no se llama seguro de muerte) desde el enfoque del valor de la vida humana, no un enfoque de "necesidades". Human Life Value (HLV) Valor de Vida Humana, según Solomon Huebner, es "el valor de sus ganancias futuras". Muchas compañías de seguros de vida usan varios parámetros para evaluar esto, como quince veces su ingreso o una vez su patrimonio neto. Todos tienen VHL, incluso si son padres que se quedan en el hogar o voluntarios retirados que viven solo con pagos de la seguridad social. Usted es importante en este mundo y HLV es solo una forma de medir esa importancia económicamente. Asegurándote por sus cambios completos en el Valor de Vida Humana a lo largo de su vida. Es importante para su familia, pero también para su propio uso. En este libro, también analizamos cómo utilizar el beneficio de muerte de su seguro de vida (no solo el dinero en efectivo) mientras vive, para aumentar el flujo de efectivo y hacer un mejor uso de los activos que ha construido en el camino.

El enfoque de análisis de necesidades, que se utiliza a menudo en la industria de seguros de vida, es matemáticamente incorrecto. Con el seguro del automóvil o del hogar, no se pueden asumir varias tasas de interés y tasas de inflación, ni intentar realizar un "análisis de necesidades", sin embargo, se hace con el seguro de vida todo el tiempo. El seguro está diseñado para indemnizar o "completar" algo que falta.

Por ejemplo, si maneja un automóvil de $50,000, lo asegura por $50,000, no por lo que "necesita" para asegurarlo, porque solo "necesita" conducir un automóvil con valor de $20,000. Usted quiere el auto de $50,000 y desea asegurarlo por el monto total.

Propiamente entendido, el seguro de vida es un deseo. No "necesita" un seguro de vida, su familia puede necesitarlo, pero puede usar un seguro de vida, especialmente porque el evento desencadenante está garantizado. Debido a que la muerte está garantizada, usted sabe que habrá un beneficio del seguro mientras esté vigente cuando usted muera.

Ningún otro seguro funciona de esta manera. Nadie quiere una garantía de que usarán su automóvil, hogar, responsabilidad civil o incluso seguro de discapacidad. Estamos seguros que uno no quiere una garantía de que ellos también usarán su seguro de vida, pero si supiera que se usaría, ¿no lo querría por el monto total?

Seguro de vida total vs. Seguro a término ... ¿"Cualquiera / o" o "Ambos / y"?

"¿Cuál es mejor, con término o vida total?" Es otra pregunta frecuente, pero también puede ser engañosa. No hay nada de malo con el seguro con término por un período de tiempo (de ahí el nombre, seguro de término). Simplemente entienda que rara vez paga un beneficio por fallecimiento, ya que el seguro temporal casi siempre termina mientras el asegurado está, afortunadamente, vivo y bien. Las fuentes dentro de la industria afirman que entre el 1 y el 2% del seguro temporal en realidad permanece en los libros el tiempo suficiente para pagar una reclamación.

El simple hecho es que las pólizas a largo plazo se vuelven prohibitivamente costosas de renovar a medida que nos acercamos a nuestra expectativa de vida. Cuando la mayoría de las pólizas de seguro de vida a plazo expiran, el beneficio por muerte desaparece del balance del titular de la póliza. Por lo tanto, el término debe considerarse como un seguro de vida "temporal" y usarse en consecuencia.

La pregunta de vida total contra a uno con término debe reemplazarse con la pregunta "¿Cómo puedo proteger mi valor total de vida humana y aprovechar lo que ofrece toda la vida?" La mayoría de las personas cumplen su Valor de Vida Humana con una combinación de seguros de vida completos y con término, ya que financiar su HLV completo con un seguro de vida total puede ser un gran paso. El seguro con término también se puede utilizar para llenar el vacío durante todo el proceso de aprobación de vida, que puede llevar semanas o incluso meses. (Con una póliza de emisión instantánea, ni siquiera tendrá que esperar un examen, aunque pagará por la comodidad).

Un enfoque común es tomar el HLV completo ahora, con parte de esto siendode vida total y parte de lo que es con término, y luego convertir el con término en vida completa a medida que avanza. La mayoría de las compañías ofrecen créditos de conversión, por lo que es posible que recuperes un poco de tu dinero y tengas el monto total de la cobertura a lo largo del camino. Además, en la ocasión en que se produce un cambio importante en la salud, ya está aprobado y la compañía de seguros no puede quitarle el término del seguro mientras realiza la conversión (siempre que sea antes de que finalice el período de tiempo del término).

Nota interesante: la mayoría de las compañías le permitirán convertir su seguro de duración a toda la vida si la cláusula de exención de la prima está en la póliza (consulte el glosario G) y *son* las que tienen que comenzar a pagar la prima debido a la discapacidad. Esto debería indicarnos qué tipo de póliza es menos costosa a largo plazo. El término es solo "menos costoso" porque generalmente es un seguro temporal que rara vez resulta en beneficios heredados.

Ahorro versus Inversión: ¿Cuál es la diferencia?

Todo el mundo parece estar persiguiendo la siguiente acción, la próxima gran idea y otras "cosas seguras". El consejo financiero común dice "agotar al máximo su 401 (k)" y ahorrar su dinero en fondos mutuos, a menudo incluso antes de que se construya un fondo de emergencia sólido. Pero hay problemas con esta idea.

En primer lugar, el ahorro debe venir antes de invertir. Al descubrir las mentiras de la planificación financiera, describo la escalera de la prosperidad y los pasos que conducen desde la pobreza a la prosperidad. Al igual que caminar antes de correr, el ahorro debe venir antes de invertir si una persona puede tener estabilidad financiera. De lo contrario, las inversiones deben liquidarse, a veces con multas, impuestos y muchos inconvenientes, cada vez que surgen gastos inesperados. ¡Esa no es manera de construir riqueza!

¡Ahorrar dinero significa poner dinero donde sea seguro! El ahorro crea la base para la riqueza. Es lo que le permite a una persona invertir, sabiendo que sus inversiones pueden crecer sin interrupción. Ahorrar dinero es donde comienza la riqueza, y es un hábito que los verdaderamente ricos nunca dejan de practicar.

Los vehículos de ahorro no ponen sus dólares en riesgo. Mientras el dinero permanezca en los fondos mutuos, corre el riesgo de otro 2009, cuando los jubilados y aquellos que se retiran pronto se encuentran con que sus ahorros se reducen a la mitad. Al final resultó que, los que perdieron tanto en la última recesión económica no estaban "invirtiendo" después de todo ... estaban *especulando*. Especular es lo que hacemos cuando no SABEMOS lo que ganará una inversión. Sólo estamos adivinando o esperando. (No creo que los retornos de inversión deban involucrar especulaciones, ¡pero ese es otro libro para otro día!)

Las IRA Roth y 401 (k) normalmente se invierten en fondos mutuos, en cuyo caso sufren la mayoría de los mismos problemas que otros planes calificados: volatilidad, inflexibilidad e incapacidad para solicitar préstamos.

Ahorrar dinero es diferente de invertir, y ciertamente es diferente de especular. Ahorrar no tiene nada que ver con la sincronización del mercado, ni requiere su tiempo, atención o pérdida de sueño. Los ahorros, a diferencia de las inversiones, están garantizados.

En la Parte 2, veremos algunos ejemplos de cómo puede utilizarse el componente de ahorro de una póliza de seguro de vida total (el valor en efectivo) para ayudarlo a vivir su seguro de vida.

¿Por qué seguro de vida?

Existen numerosos beneficios en el uso del seguro de vida como piedra angular de su estrategia financiera. Ya hemos mencionado algunos, como la estabilidad de esta clase de activos en todas las economías. Pero tiene muchas opciones cuando se trata de vehículos financieros y lugares para poner su dinero. ¿Qué tiene de especial el seguro de vida que lo convierte en nuestro lugar favorito para crecer y almacenar efectivo? Aquí hay siete cosas que amamos sobre el seguro de vida:

1. Diseño personalizado para usted.

El seguro de vida requiere poco dinero para empezar. Simplemente comienza con pagos mensuales adaptados a su capacidad, ya sea de $50 o $5,000 por mes. (Y si su situación cambia, hay maneras de ajustar sus requisitos de desembolso).

El seguro de vida puede ayudar a aquellos que desean comenzar a ahorrar con pequeños pagos en una póliza de "inicio" o una póliza de un niño o nieto. También proporciona enormes ventajas para cualquier persona que quiera mover sumas de dinero más grandes a un entorno privado, seguro y con ventajas impositivas, sin las restricciones del gobierno y los límites de contribución.

No hay un requisito de suma global para comenzar. Puede elegir los pagos mensuales si el pago anual no está dentro de su presupuesto, y si es necesario, puede ajustar la frecuencia de pago a medida que avanza, u omitir algunas de sus adiciones opcionales pagada.

Su póliza de seguro de vida está diseñada para adaptarse a usted. Su póliza se puede estructurar para maximizar el beneficio en efectivo o por muerte (generalmente recomendamos esto último, pero hay excepciones). Puede financiar una póliza en tan solo 7 años o hasta toda la vida. En algunas situaciones, ¡ni siquiera tiene que ser asegurable! Puede ser propietario de una póliza incluso si no está asegurado.

2. Devoluciones competitivas.

Cuando se lleva a cabo a largo plazo (más de 10 años), la tasa interna de rendimiento de una póliza de seguro de vida generalmente supera a las cuentas de ahorro y CD bancarios, fondos del mercado monetario, anualidades fijas, t-cuentas y otros equivalentes de efectivo y vehículos de "dinero seguro".

El seguro de vida total es un vehículo seguro y confiable para ahorros a largo plazo con una sorprendente tasa de retorno efectivo a efectivo. Las tasas de interés actuales en los bancos están apenas por encima de cero en este momento, mientras que la tasa interna de rendimiento (neto) de las pólizas de vida entera mantenidas a largo plazo está en torno al 4–4,5%, neto de comisiones. Esto es históricamente bajo, ya que el entorno de tasas de interés más bajo ha tenido un efecto en los seguros de vida, así como en otros entornos económicos. Cuando las tasas bancarias aumentan, las tasas de rendimiento del valor en efectivo tienden a flotar más altas también, por lo general, unos puntos más altos que cualquier tasa de ahorro que las cuentas de ahorro estén pagando.

3. Fondos flexibles o colaterales.

Un problema con muchos vehículos de ahorro e inversión es que están limitados en cuanto y a cuándo, cómo y con qué propósito puede acceder a "su" dinero. Cuando tiene a su disposición el valor en efectivo del seguro de vida, no tiene que esperar hasta que tenga 59½, pagar multas, pedir permiso a un empleador o demostrar que los fondos solo se están gastando en atención médica o en la matrícula universitaria. .

Ya sea que desee un nuevo techo, un pago inicial para una casa de alquiler o unas vacaciones de luna de miel, su valor en efectivo proporciona los medios. Puede retirarlo o pedir prestado contra su valor en efectivo, usándolo como garantía. Pedir prestado contra él es a menudo una mejor opción cuando se mira el panorama general de su economía personal, ¡pero es líquido y es su dinero!

4. Privacidad y Protección de Activos

Las cuentas de valor en efectivo y su crecimiento no se informan al IRS (Sistema Tributario), ni se cuentan como "activos" en una solicitud de ayuda estudiantil FAFSA. Los préstamos de póliza no requieren calificación crediticia y nunca aparecen en su informe de crédito. Además, en la mayoría de los estados, el seguro de vida ofrece protección contra demandas y acreedores. Esta protección de activos puede ser absoluta o limitada, según las regulaciones de su estado.

¡Algunas personas consideran que la capacidad de

crecer y almacenar efectivo sin la mirada indiscreta de los bancos, el IRS, otras agencias federales o acreedores es una razón importante para preferir las compañías de seguros mutuos a los bancos cuando se trata de almacenar efectivo!

5. Ventajas Fiscales.

Mientras no cancele la póliza, según la ley tributaria actual, no habrá impuestos sobre la renta sobre el valor en efectivo dentro de la póliza, los beneficios por fallecimiento o el dinero prestado en su contra. También puede recibir ingresos de una póliza a través de dividendos (hasta la base) y préstamos de póliza sin reducir sus beneficios de seguridad social. Esto se debe a que los préstamos y los dividendos de la póliza (hasta el monto que ha pagado en primas) no se consideran sujetos a impuestos.

Las pólizas de vida total también se pueden usar para donar dinero sin impuestos sobre la renta o impuestos sobre donaciones mientras viva. Si las leyes impositivas cambian, aún obtendrá todos los demás beneficios.

Es interesante observar que las IRA Roth (por sus siglas en inglés) han sido un tema candente. Sin embargo, el valor en efectivo del seguro de vida, que se rige por una ley fiscal similar, es líquido y no está sujeto hasta los 59 años y medio. Estas cuentas de valor en efectivo crecen libres de impuestos, mientras que en la póliza, pueden utilizarse como garantía para préstamos de póliza libre de impuestos y, a diferencia de la mayoría de las cuentas de jubilación, no abandonarán ni un centavo en una recesión.

6. Un legado financiero.

A pesar de muchos intentos de hacerlo, no puede comparar ningún tipo de cuenta de jubilación, fondo mutuo, ingresos o vehículo de ahorro "manzanas con manzanas" con un seguro de vida por una simple razón que los críticos de seguros de vida parecen descuidar convenientemente: *el seguro de vida proporciona una ¡beneficio de muerte!*

Cuando coloca su primera contribución en un plan de ahorro IRA, 401(k) o 529, el patrimonio neto de su futuro patrimonio no aumenta mágicamente en decenas o

Incluso cientos de miles de dólares. ¡Sin embargo, esto es exactamente lo que sucede cuando paga su primera prima en una póliza de vida total!

Desde el primer pago, las pólizas de seguro de vida son instrumentos de ahorro "auto-completar". En caso de que le suceda algo dentro de tres meses, su póliza proporcionará un legado para sus seres queridos y / o las causas que le interesan. Y si vive hasta los 100 años, su póliza le brindará opciones financieras aún *mayores* para usted y su familia.

El seguro de vida tiene tantos usos y beneficios que a veces olvidamos que también es un *seguro de vida*. Y como veremos en la Parte 3, el beneficio por fallecimiento proporciona formas adicionales para que usted "Viva su Seguro de Vida".

7. Protecciones Personalizadas.

Además del beneficio por muerte, el seguro de vida puede proporcionar otros beneficios y protecciones a través de cláusulas opcionales:

- La cláusula adicional de Adiciones pagadas (PUA) (por sus siglas en inglés) aumenta tanto su beneficio por fallecimiento como su valor en efectivo.
- Un anexo de seguridad garantizada alivia las preocupaciones sobre su capacidad para calificar para un seguro de vida adicional en el futuro.
- Un anexo de beneficios acelerados le permite recibir una parte del beneficio por fallecimiento en casos de enfermedades terminales o crónicas.
- El *Waiver of Premium Rider* mantiene su póliza y todos sus beneficios vigentes en el caso de una discapacidad total.

En resumen, su póliza de seguro de vida es un vehículo financiero diseñado a medida con protecciones personalizadas que ofrece rendimientos competitivos, puede ser utilizado o prestado, ofrece beneficios fiscales y de privacidad, y crea un beneficio heredado.

Estas son solo algunas de las razones por las que las personas que poseen, usan y viven su seguro de vida lo adoran. En la Parte 2, también hablaremos sobre el Método CLUE que hace que su valor en efectivo sea aún más valioso.

Conceptos del Contenido en la Parte I

¿Quién puede beneficiarse del seguro de vida?

¡Casi cualquiera puede! Si le han dicho que el seguro de vida es solo para los dueños de negocios, para el sostén de la familia con jóvenes dependientes o para los súper acaudalados, es hora de que usted investigue por sí mismo.

¿Cuánto seguro «necesita»?

Esta es una pregunta engañosa, ya que en muchos casos, el seguro de vida es un "deseo", no una "necesidad". Muchas personas desean obtener la mayor cantidad posible del seguros de vida: su "valor de vida humana" (VVH) para poder maximizar los beneficios de los seguros de vida.

Seguro de Vida Total vs. Seguro de término... ¿»Cualquiera / o" o "Ambos / y"?

Muchas personas no pueden permitirse asegurar su HLV en el seguro de vida total desde el principio. Una combinación de seguro de vida a término y vida entera es apropiada en muchos casos, ya que permite a las personas asegurar su VVH completo y comenzar a ahorrar en una póliza de vida completa.

Ahorro versus Inversión: ¿Cuál es la diferencia?

El ahorro crea su base financiera. Sus ahorros son la parte segura y garantizada de sus finanzas personales que garantiza que sus inversiones no se vean interrumpidas por emergencias financieras.

¿Por qué seguro de vida?

Además de su registro casi incomparable como un activo de calidad que ha sobrevivido a cada recesión económica desde la Gran Depresión, también nos encantan estas 7 cosas sobre el seguro de vida:

1. Diseño personalizado para usted.
2. Devoluciones competitivas.
3. Fondos flexibles o colaterales.
4. Privacidad y protección de activos.
5. Ventajas fiscales.
6. Un legado financiero.
7. Protecciones personalizadas.

No se puede enfatizar demasiado en que toda la vida es tanto un producto de seguro de vida permanente Y una sólida estrategia de ahorro. Con demasiada frecuencia, se compara con seguros temporales y / o inversiones que son riesgosas, imponibles e ilíquidas. Otras veces, está etiquetado como "demasiado caro" en comparación con un seguro de vida que carece de garantías y es probable que carezca de valor en efectivo. Estas comparaciones no son válidas, ya que ni el seguro a plazo ni las inversiones proporcionan lo que hace toda la vida para sus asegurados.

A medida que avancemos en muchos ejemplos de la vida real de cómo nuestros clientes han puesto en práctica sus pólizas, verá incluso MÁS beneficios al usar su seguro de vida, tanto su valor en efectivo como su beneficio por muerte, como la piedra angular de una base financiera sólida.

VIVIR CON SU CALOR EN EFECTIVO

Muchas personas ven el seguro de vida como un agujero negro donde el dinero va y que algún día alguien obtiene un beneficio y no es usted; O peor, pagas por años, luego no ves nada. Esto es incorrecto. Una vez que aprenda a vivir su seguro de vida, verá que es un lugar perfecto para guardar efectivo que utilizará para financiar vehículos y otros activos, así como oportunidades de inversión y su fondo de emergencia.

Utilizamos lo que llamamos el método CLUE de una póliza de seguro de vida integral que paga dividendos. Este método es tan valioso que casi todos deben poseer uno para su propio beneficio.

Tenga en cuenta que dijimos "propio" ... que no significa necesariamente que el seguro lo tiene usted, sino que usted es el propietario y lo controla. Puede tener un seguro para cualquier persona para la que tenga un "interés asegurable": un niño, un socio comercial, un empleado clave o cualquier persona tan cercana a usted que, si muriera, usted se vería afectado. Esto permite que casi todos (incluso muchos que tienen un historial médico grueso y que no se puedan asegurar) se beneficien de este concepto.

El Método CLUE

Este método es una parte instrumental de los principios en este libro. Entonces, ¿cómo hacer para obtener una clave? Lo que representa:

C = *Control* **L** = *Liquidez* **U** = *Uso* **E** = *Equidad*

El valor en efectivo es su cuenta CLUE. El valor en efectivo y el beneficio por muerte están 100% en control del

propietario (no del asegurado), y el valor en efectivo es 100%
líquido. Usted (el propietario) puede usar tanto el valor en
efectivo como el beneficio por muerte mientras vive, y funcionan como la equidad en bienes raíces, con una excepción
importante: nunca pueden bajar, solo subir.

Veamos más de cerca cada punto:

CONTROL: Lo tienes, lo controlas. Usted dice cuándo,
cuánto, quién, con qué frecuencia y por qué. Es SU dinero,
no de su empleador, del gobierno, ni siquiera de su beneficiario (mientras viva).

Compare esto con otros tipos de cuentas que no le dan
control total:

- Una cuenta de jubilación calificada puede ofrecer
  aplazamientos fiscales bendecidos por el gobierno
  ... ¡pero una pérdida de control! Se le dice cuándo
  puede usar el dinero y con qué propósito. Incluso se
  le dirá (más adelante) cuánto deberá pagar por los
  impuestos para acceder a su dinero, ya que las tasas
  impositivas futuras tampoco están bajo su control.

- Las cuentas de ahorro para la salud y las cuentas
  de ahorro para la educación solo pueden usarse por
  razones aprobadas sin sufrir consecuencias y sanciones fiscales.

- Una cuenta de custodia UTMA o UGMA (según sus
  siglas en inglés) (generalmente utilizada para ahorrar para la universidad) es controlada automáticamente por el niño cuando cumple los 18-21 años,
  dependiendo del estado en el que reside.

LIQUIDEZ: Casi toda su cuenta es líquida dentro de diez días o menos en la mayoría de las compañías de seguros. Puedes retirarlo, pedirlo prestado o simplemente dejarlo crecer. (Tenga en cuenta que es posible que no haya mucho valor en efectivo neto en los primeros años de la póliza, pero lo que haya allí está disponible hasta el límite de su compañía, generalmente alrededor del 95% del valor en efectivo).

Las cuentas de valor en efectivo no pueden perder valor y su valor no se "acumulará en la montaña rusa", como se sabe que hacen las acciones, los productos básicos y los bienes raíces. Sus ganancias están bloqueadas en cada año.

También es importante tener en cuenta que las cuentas de valor en efectivo no son apalancadas ni fraccionadas por la institución financiera como lo son las cuentas de ahorro en un banco. Las compañías de seguros no pueden prestar el mismo dólar una y otra vez y otra vez. Por esta razón, los bancos compran miles de millones de dólares de seguro de vida permanente para mantener como parte de sus activos de "nivel 1" o de la más alta calidad. (Las compañías de seguros también otorgan liquidez a los bancos).

USO: Debido a que el valor en efectivo está bajo su control y es líquido, ¡puede USARLO de muchas maneras! Como una navaja suiza o un teléfono inteligente, puede servir para muchos propósitos Su valor en efectivo es una cuenta "de uso múltiple" que se puede usar como:

- una cuenta de ahorro a corto plazo para hacer compras planificadas.

- una cuenta de ahorro a largo plazo para su libertad financiera o herencia
- un fondo de matrícula y gastos universitarios que no se cuenta como un "activo" en la FAFSA (por sus siglas en inglés) de los padres.
- un fondo de emergencia
- un fondo de oportunidad (para inversiones)
- una cuenta para apalancar contra gastos de capital o un préstamo comercial
- ¡Y cualquier otro uso que se te ocurra!

Incluso si nunca mueve un dólar, su cuenta de valor en efectivo es el lugar más eficiente y efectivo para almacenar dinero. Es eficiente porque crece de una manera con impuestos diferidos (sujeto a impuestos solo si cancela o retira efectivo por encima de la base). Es efectivo porque puedes pedir prestado contra él mientras aún crece al valor bruto. Ambas capacidades no están disponibles en 401 (k) y otras cuentas con impuestos diferidos. De hecho, cuando usted muera, esta cuenta de valor en efectivo (ahora beneficio de muerte vencida) pasará a sus herederos sin ningún impuesto sobre la renta pagado en absoluto, según la ley actual. Es el mejor lugar para almacenar dinero de "paz mental".

EQUIDAD: Solo piensa en bienes raíces. La equidad en bienes raíces es apalancada, usted puede pedir prestado contra ella, pero el activo subyacente sigue creciendo sin verse afectado por la deuda. Este es el aspecto más incomprendido de este producto. Lo tomas prestado contra él, pero no lo sacas. El valor neto en efectivo es lo que queda por pedir prestado. Por ejemplo, si tiene $100,000 de valor en efectivo bruto y pide prestado $40,000, su cuenta seguirá creciendo como si fuera $100,000, no $60,000.

Si solicita un préstamo contra su valor en efectivo para invertir, ese interés debe deducirse de las ganancias de esa inversión. Sin embargo, si está tomando un préstamo contra el valor en efectivo para pagar las primas (para un Préstamo Automático de Prima, vea M) o se va de vacaciones, entonces ese interés no es deducible.

A diferencia de la equidad de bienes raíces, las cuentas de valor en efectivo no requieren que usted reúna los requisitos para retirar o pedir prestado contra su propio activo. Su puntaje de crédito o estado de ingresos es irrelevante. Esta es la equidad que está bajo su control, es líquida y está lista para ser utilizada cuando sea necesario o deseado.

FASE I—La fase de inicio
(Años I–5 de la póliza)

Esta es la parte más difícil, ya que decide que desea adoptar esta forma más efectiva pero menos conocida de manejar sus finanzas. Es como empezar un negocio; No solo tiene que trabajar en contra de los detractores, sino que tiene que escribir cheques, escribir cheques, escribir cheques, y solo entonces ve algún beneficio.

Durante esta fase, usted está convirtiendo el efectivo en valor en efectivo más la implementación de un beneficio por muerte inmediata y creciente. Ambos pueden proporcionar ingresos libres de impuestos cuando se usan correctamente. Y ambas son cosas maravillosas de tener, pero difíciles de empezar. Sin embargo, un inicio (aunque puede tener muchos) equivale a toda una vida de beneficios. ¡En mi familia, somos dueños de 30 pólizas de vida entera entre nosotros! Comenzamos nuevas pólizas a medida que aumentamos nuestra capacidad y necesidad de almacenar efectivo. Algunas son pólizas sobre nosotros mismos, otras sobre nuestros hijos, y también tenemos pólizas de "persona clave" sobre empleados esenciales que serían difíciles de reemplazar. Como verá, tener múltiples pólizas nos brinda múltiples formas de beneficiarnos y aumentar la flexibilidad.

Es muy importante, durante esta fase de inicio, recordar que "financia todo lo que compra". Esta cita de Nelson Nash, autor de *Convertirse en su Propio Banquero*, indica el hecho exacto pero raramente discutido de que usted paga intereses a alguien por el uso de su dinero o usted renuncia al interés que podría haber ganado al usar su propio dinero. O *pagas* intereses, o dejas pasar intereses. El seguro de vida le permite financiar de manera más efectiva las cosas que compra.

Muchas personas desean ahorrar para su próximo automóvil, pago inicial o inversión. ¡Ahorran, luego gastan, ahorran, gastan y siempre están empezando de cero! Cuando empiece a pensar en el panorama general y a largo plazo de sus finanzas personales, comprenderá que ahorrar para crear un activo a largo plazo con el que puede obtener un préstamo (mientras sigue creciendo) es una estrategia mucho mejor.

¡Ahora veamos ejemplos de cómo las personas ponen

en práctica sus pólizas! Los siguientes ejemplos representan historias reales de cómo se pueden utilizar las pólizas de seguro de vida para beneficiar a los propietarios de pólizas. Se han cambiado los nombres y los detalles de identificación, algunos son clientes compuestos, pero cada historia demuestra los beneficios reales de vivir su seguro de vida.

La historia de Ben y Bernie: Empezando ... Un desafío

Una joven pareja llamada Ben y Bernie aprendió sobre *Vive tu Seguro de Vida* mientras vives e invirtió cada dólar de repuesto en tres pólizas diferentes. Se mantuvieron en la estrategia con la que se habían comprometido, a pesar de que sus amigos y padres pensaban que estaban locos.

Sufrieron los primeros años de pagos de primas sin recompensa, pero luego la póliza explotó como palomitas de maíz. Formó la base que les permitió invertir en todo lo que quisieron por el resto de sus vidas.

El seguro de vida no los hizo ricos, pero sí lo hizo todo lo demás en lo que podían invertir. Fue la base del seguro de vida que ayudó a que todos sus contratos de bienes raíces funcionaran cuando no eran dinero en efectivo por sí mismos. Fue el seguro de vida el que los respaldó mientras el mercado de valores estaba en uno de sus muchos paseos en montaña rusa. Y fue el valor en efectivo de su seguro de vida el que los apoyó durante un par de años en su negocio y les dio un lugar para almacenar efectivo líquido en los buenos tiempos.

La historia de Mark y Mary: cómo empezar y seguir adelante

Mark y Mary eran buenos ahorradores y habían estado poniendo dinero en sus 401 (k), promediando los costos en dólares en fondos mutuos y pagando fielmente sus primas de seguro de vida. Cuando sus ingresos disminuyeron debido a la reestructuración de la compañía, redujeron su enfoque de promedios de costo en dólares. Casi al mismo tiempo, se mudaron para que su hija pudiera asistir a una mejor escuela, y como su compañía no estaba igualando sus contribuciones al 401 (k), también estaban debatiendo cómo abandonarlas. (El dinero se estaba apretando cada mes.)

Nos llamaron, preocupados de que el único dinero que estarían ahorrando eran sus primas de seguro de vida, que ahora equivalían al 15 por ciento de sus ingresos brutos. Examinamos su póliza e identificamos que, por cada dólar que depositaban, el valor en efectivo aumentaba en un dólar y doce centavos, ya que estaban en su cuarto año y no habían agregado ninguna adición manual pagada.

Mark reconoció que los $10,000 que había puesto en su 401 (k) en realidad habían bajado a $9,000, por lo que un dólar se estaba convirtiendo en 90 centavos durante ese año. Sabía que esto podría o no continuar en la montaña rusa. Mary había querido comenzar a ahorrar para la educación de su hija y se dio cuenta de que podían usar el valor en efectivo del seguro de vida para pagar su universidad de la misma manera que un plan del gobierno 529, aunque no mejor. Recordó el concepto de costo de oportunidad perdida (consulte la sección "O" en el glosario) y sabía que si utilizaban el plan 529 perderían la oportunidad de que ese dinero contribuyera a sus fondos de jubilación. A la inversa, si utilizaban el valor en efectivo del seguro de vida, podrían pedir prestado contra él y, dado que seguiría creciendo, también podría contribuir a su independencia financiera más adelante.

Preguntas de la fase 1 para que pienses:

1. ¿Cómo se puede iniciar su propia póliza? ¿Cuánto le gustaría ahorrar en una base mensual o anual?

2. ¿A quién podría usar para ser el asegurado mientras es usted el propietario, si ese es un mejor arreglo para su situación?

3. ¿Qué activos o flujos de efectivo pueden estar mejor ubicados a través de una póliza de seguro de vida en comparación con donde están actualmente?

FASE 2—La fase de oportunidad de apalancamiento y la fase de capacidad de inversión
(Años 6 a 30 de la póliza)

Esta es la fase en la que comienza a USAR su seguro de vida. Puede comenzar tan pronto como el año 2 o tan tarde como quieras. Aprovechar al máximo las adiciones pagadas puede ayudarlo a comenzar esta fase más pronto que tarde. (Son opcionales, pero ayudan a que su póliza aumente el valor en efectivo más rápido). Utilizar su seguro de vida en esta fase puede permitirle hacer un mejor uso del juego de Financiamiento (automóviles, vacaciones, etc.), así como para tomar mejores decisiones de inversión.

Ahora que ha pasado la fase de inicio, puede ver que cada dólar que pone en su póliza se está convirtiendo en más de un dólar de valor en efectivo. Esto no solo aumenta la motivación para seguir financiando la póliza, sino que también le brinda oportunidades de apalancamiento y capacidad para inversiones.

La historia de Víctor: ¿Qué sucede si no puedo pagar mi prima?

Víctor acababa de completar la marca de dos años en su póliza cuando su negocio se desaceleró y solicitó un préstamo de prima automática (APL) (según sus siglas en inglés). (Vea M en el glosario). Sabía que esto le permitiría dejar de pagar las primas de su bolsillo, sin embargo, mantener el dinero que había depositado allí y permitirle seguir creciendo mientras pide prestado la prima, literalmente reciclando el dinero. Como no había dinero suficiente en la póliza por la prima de un mes, $530, le pedimos a la compañía de seguros un APL por $500 y él escribió un cheque por $30. Al mes siguiente, el valor en efectivo había aumentado en $500 (y tenía un préstamo por $500) y escribió otro cheque por $30. Esto se prolongó durante unos cinco meses hasta que llegó a la fecha de aniversario de su póliza.

Víctor pagó los intereses de su bolsillo durante los siguientes doce meses con los $2,500 que había pedido prestado (al 8 por ciento, igual a $200) y luego siguió prestando dinero contra el valor en efectivo para pagar la prima. Y durante estos doce meses, por cada $530 que tomó prestado, su valor en efectivo aumentó en $610, por lo que pudo pedir prestado nuevamente, lo que aumenta el préstamo y aumenta el valor en efectivo al mismo tiempo.

Un año más tarde, su negocio volvió a recuperarse y pudo comenzar a pagar su propia prima, lo que hizo. Luego, cuando pudo, pagó el préstamo en sumas globales más grandes cuando tenía el efectivo. Esto creó una copia de seguridad de su póliza para que pudiera pedir prestado nuevamente en un momento de necesidad o para una oportunidad de inversión.

La historia de Kelly y Katie: aprovechar las oportunidades

Kelly y Katie acababan de tomar un préstamo contra su póliza por primera vez para comprar un auto nuevo cuando Kelly perdió su trabajo. Katie estaba en casa con sus bebes

Y él quería estar haciendo ventas externas. Fue un gran alivio para ellos no tener que pagar el auto por un tiempo. Luego, en su nuevo trabajo, cuando comenzaron las comisiones, pagó extra para reemplazar los fondos prestados. Terminaron con un auto pagado, un préstamo pagado (valor en efectivo del seguro de vida) y un poco de dinero en efectivo porque el valor de su póliza siguió creciendo a pesar de que tenía un préstamo en su contra.

No solo podían financiar su propio automóvil, sino que habrían tenido esa capacidad incluso si Kelly hubiera perdido su trabajo antes de adquirir el automóvil. Su seguro de vida les permitió ser independientes de la banca y la financiación bancaria.

La historia de Sam y Sarah: Capacidad de inversión

Sam y Sarah compraron cuatro pólizas durante diez años y pidieron préstamos para financiar sus autos. Durante este tiempo, no pudieron ahorrar en un plan de jubilación patrocinado por la compañía porque tuvieron que mudarse por todo el país, cambiando frecuentemente de empleadores.

Sabían que habían pagado sus préstamos de automóvil, pero habían olvidado que las pólizas también habían crecido un poco más allá de los pagos. Habían financiado efectivamente su propia forma privada de ahorro para la jubilación. Terminaron con todos los autos y todo el dinero en efectivo, porque tomaron prestado contra el valor en efectivo y lo pagaron, lo tomaron nuevamente en préstamo y lo pagaron nuevamente, una y otra vez.

Sam y Sarah tampoco estaban sujetos a las "esposas de oro" de un paquete de beneficios de la empresa. De esta manera, sus pólizas les proporcionaron libertad y prosperidad. Tenían la libertad de tomar las mejores posiciones sin sentirse atados o tener que esperar a que las contribuciones de la compañía 401 (k) se confirieran.

La historia de John y Jane: una oportunidad de inversión y comenzar un negocio

John y Jane habían querido abrir una tienda de juguetes durante años. Él tenía un trabajo de ventas y ella había estado en casa con los niños mientras investigaban varias opciones. Finalmente, con un préstamo del banco, comenzaron su primera tienda. Estuvo abierto aproximadamente un año cuando se presentó la oportunidad de una segunda tienda, pero el banco no les daría un segundo préstamo para el inventario adicional. Su retorno de la inversión en la primera tienda fue superior al 20 por ciento, por lo que sintieron que podían hacer lo mismo en la nueva tienda si pudieran obtener el inventario.

Habían estado pagando fielmente su seguro de vida durante siete años y se sorprendieron al recordarles con qué rapidez y facilidad podían obtener préstamos contra el valor en efectivo. Después de comprar el inventario que necesitaban, abrieron su segunda tienda y comenzaron a pagar el préstamo de seguro de vida de las ventas de inmediato. En ese momento, era verano y las ventas eran altas. Cuando llegó el invierno después de Navidad y las ventas fueron lentas, se tomaron un descanso de los pagos, que se reanudaron el verano siguiente. Después de tres veranos de pagos de préstamos diligentes, el préstamo contra el valor en efectivo se pagó y pudieron usar el valor en efectivo nuevamente para otra inversión.

La historia de Tom: invertir con valor en efectivo prestado

A Tom le encantaban los bienes raíces, pero debido al tiempo limitado no podía invertir en ellos directamente, por lo que optó por pedir prestado contra su valor en efectivo y utilizar el dinero para obtener una mayor rentabilidad. Si bien esta puede no ser una estrategia para todos, tenía contactos inmobiliarios y confianza en esta serie de pasos, y las ideas pueden estimular su propio pensamiento.

Tom tomó prestado contra su valor en efectivo, pagando un 8 por ciento para usar el dinero de la compañía de seguros de vida mientras su propio valor en efectivo seguía creciendo. Luego prestó este dinero a un corredor de préstamos puente y pudo encontrar un préstamo del 14 por ciento para invertir. (Una vez más, no para todos, ya que implica un riesgo potencial).

Como había pedido prestado para invertir, pudo deducir el 8 por ciento contra el 14 por ciento. El interés del préstamo del seguro de vida no siempre es deducible. Sin embargo, si el préstamo se utiliza para fines comerciales o inversiones y usted puede probarlo, entonces el interés es deducible de las ganancias de la inversión (pero no típicamente contra los ingresos devengados), por lo que deberá consultar su CPA (contador público) al respecto).

Cada mes, cuando su inversión le daba un pago de intereses, lo pagaba a la compañía de seguros de vida. Con el tiempo, su préstamo de valor en efectivo del seguro de vida fue pagado y él todavía tenía su inversión.

La desventaja de esta estrategia es que si hubiera perdido el dinero de la inversión, todavía le debería a la compañía de seguros de vida el dinero que había pedido prestado. Por esta razón, nunca recomendamos pedir prestado para invertir a menos que esté poniendo el dinero en una inversión comprobada con rendimientos predecibles. Y aun así, si te causa estrés, ¡no lo hagas! El viejo adagio de "solo arriesgar lo que podría permitirse perder" es algo a tener en cuenta.

¡La ventaja de esta estrategia fue la sustancial rentabilidad anualizada del 75%!

Muchas personas piensan que pedir un préstamo del 8% para ganar el 14% es un retorno de solo el 6%. Eso es incorrecto. Tenemos que pensar en el costo del dinero, no en el margen entre los préstamos y los préstamos para calcular la ganancia obtenida. Si piensa que una tienda compra un apartado al por mayor a \$8 y lo vende a \$14, es más fácil de entender. El préstamo del 8% es el costo del dinero y el rendimiento del 14% es la ganancia.

La calculadora de conceptos verdaderos, a continuación demuestra el rendimiento de este acuerdo de bienes raíces (o el ejemplo de la herramienta).

Rate Calculator   − ◻

Present Value: 8.00	**Title**	**Clear**	N E W
Annual Payment: 0.00	• **Beg** ○ **End**		
Future Value: 14.00	A M Q S		T O P
Years: 1.00	• ○ ○ ○		

Annual IRate: 75.00%

Mientras tanto, el valor en efectivo de Tom permaneció en su póliza y continuó ganando alrededor del 5% mientras tomaba prestado, además, ¡también disfrutó de una deducción de impuestos por el interés del préstamo de la póliza!

La estrateégia "Sé el Banco"

Por supuesto, no necesita invertir un préstamo puente para utilizar su valor en efectivo. Tal vez conoces a un adolescente cercano a usted que le encantaría poder comprar un automóvil pero no puede calificar para recibir financiamiento, o un amigo o familiar de confianza que paga las tarjetas de crédito con intereses altos. Si financió el automóvil o consolidó la deuda y cobró una tasa de interés del 10%, esto significaría un retorno de la inversión del 25% para usted. (De nuevo, proceda con precaución!)

Para obtener más información y ejemplos sobre cómo funcionan realmente las tasas de interés, busque en mi próximo libro (que se publicará a finales de 2015), Cómo romper las mentiras de las tasas de interés. (Estará disponible en Amazon.com tan pronto como se publique).

Preguntas de la fase 2 para que pienses:

1. ¿Qué préstamos tiene ahora que podrían reestructurarse para aprovechar los préstamos contra el valor en efectivo de su póliza en lugar de hacerlo con un banco?

2. ¿Cómo le daría mayor independencia y más opciones la capacidad de proporcionar su propio financiamiento o financiar su propia cuenta de libertad financiera?

3. ¿Qué oportunidades de inversión ha encontrado que necesitan una suma global de dinero, pero solo tiene la posibilidad de ahorrar una cantidad menor cada mes?

4. ¿Podría iniciar una póliza de seguro de vida que le permita acumular una suma global ahorrando lo que puede ahora?

Conceptos del contenido en la parte 2

Los préstamos y la recepción de dividendos (si se dejan en la póliza) son eventos libres de impuestos.

El método CLUE

C = Control

Comience a transferir dinero a sí mismo en una cuenta que controle en lugar de alejarse de sí mismo en cuentas que no controla.

L = Liquidez

Cree riqueza que no puede ser quitada de usted por el mercado de valores o las atracciones de la montaña rusa del mercado inmobiliario, o porque ya no califica para acceder a "su" patrimonio.

U = Uso

Ahorre dinero para más tarde o compre artículos discrecionales ahora.

E = Equidad

Cree una cuenta en la que se beneficie de la capacidad de apalancamiento, de una manera que sea mejor que pagar en efectivo, ya que pagar en efectivo es perder interés en una inversión. (Ver glosario O: Costo de oportunidad perdida).

Proceso de préstamo

1. Llame a su compañía de seguros o asesor financiero.
2. Solicitar el préstamo. (No hay proceso de aprobación).
3. Firma un formulario para que sepan que eres tú.
4. Recibe tu dinero en diez días.

Proceso para pagar

1. Elija el método y el marco de tiempo. (De nuevo, USTED elige esto).
2. Pague solo intereses, O
3. Hacer pagos mensuales de capital e intereses, O
4. Hacer pagos trimestrales de capital solamente, O
5. Hacer pagos de suma global de capital solamente.

¿Cómo puede obtener su dinero para hacer más de un trabajo?

La mayoría de las personas tiene cada uno de sus dólares haciendo solo un trabajo: fondos de jubilación, educación de sus hijos, pago de su hipoteca, etc. Sin embargo, una vez que haya aprendido cómo vivir su seguro de vida, podrá ver lo fácil que es hacer que un dólar haga mas de un solo trabajo. Queremos que nuestros dólares realicen múltiples trabajos porque esto ayuda a que nuestros dólares sean más eficientes y se multipliquen, por lo tanto, crezcan más rápidamente.

(MULTIPLICA es uno de los 7 Principles of Prosperity™ [Principios de Prosperidad]; vea dos de mis otros libros, *Descubriendo las mentiras de la Planeación Financieéra* o *La Planeación Financiera ha Fallado*, para obtener detalles sobre los 7 principios.)

Entonces, al cerrar nuestra sección del valor en efectivo, veamos cómo el seguro de vida es similar a los bienes raíces y cómo los dos juntos pueden obtener un dólar para hacer dieciséis o más trabajos. La propiedad inmobiliaria tiene

ocho características principales:
1. Pagos hipotecarios
2. Propiedad
3. Apreciación potencial
4. Depreciación (si se trata de bienes raíces de inversión, lo que le otorga ventajas fiscales)
5. Flujo de efectivo
6. Disposición
7. Apalancamiento
8. Base escalonada para herederos (sin impuestos)

El seguro de vida también tiene ocho características principales que son muy similares:
1.. Los pagos de primas (que, como los pagos de hipotecas, son una de las pocas cosas beneficiadas por la inflación)
2. Valor en efectivo
3. Beneficio por muerte
4. Renuncia de prima
5. Aumentar el beneficio por muerte.
6. Capacidad de adición pagada para aumentar el efectivo.
7. Apalancamiento
8. Ingresos libres de impuestos para los herederos

Tanto los bienes raíces como los seguros de vida también crecen y, en última instancia, pueden "venderse" con una responsabilidad fiscal mínima, como lo indica la octava característica.

Si puede pedir prestado contra su seguro de vida para

comprar bienes raíces y usar sus bienes raíces para pagar sus préstamos de seguro de vida, tiene un dólar haciendo entre doce y catorce trabajos. Esto es solo un ejemplo, y no tiene que combinar seguros de vida y bienes raíces para obtener un dólar para hacer muchos puestos de trabajo, pero los dos funcionan de manera muy similar y potencialmente sinérgica. Además, si agrega las formas de usar su beneficio de muerte mientras vive, que cubriremos en la siguiente sección, agregará al menos cinco o seis trabajos más.

Al utilizar el mismo dólar en un vehículo de bienes raíces, podemos crear un apalancamiento, iniciar un flujo de ingresos, comprar un activo que aprecia y pagar una hipoteca, por lo que nuestros dólares pueden hacer más por nosotros. De manera similar, podemos aprovechar el seguro de vida entera para hacer crecer un fondo de emergencia, ahorrar para autos nuevos, pagar la matrícula universitaria, crear futuros ingresos para nosotros y dejar un legado para nuestros seres queridos.

USAR TU BENEFICIO DE MUERTE MIENTRAS ESTÁS VIVO

FASE 3—Gastar otros activos
(Años 20–40 de la póliza)

Este es el cruce entre la Parte 1 y la Parte 2, entre el uso de su valor en efectivo como una cuenta de efectivo para solicitar un préstamo y el uso de su beneficio de muerte para solicitar un préstamo. Las edades típicas de los asegurados durante esta fase son los años 60, 70 y 80, y la forma en que utilice su seguro de vida en este momento dependerá de cuánto tiempo lo haya tenido, así como de la cantidad de dólares actualmente prestados en su contra.

> "El primer beneficiario de una póliza de seguro de vida debe ser el propietario."
> — *Bob Ball, formador extraordinario de agentes de seguros de vida en todo el país.*

Si supiera que cuando tenga aproximadamente 80 años le darían una gran suma de dinero o un flujo de ingresos garantizado que duraría el resto de su vida, ¿actuaría de manera diferente entre los 60 y 80 años?

¡Por supuesto que sí! Puede hacer cualquiera o todos los siguientes:

A. Gastar el resto de sus activos

B. Hipoteca o hipoteca inversa de su vivienda.

C. Dar más a la caridad para aumentar sus deducciones de impuestos

... y al hacer cualquiera de estos, estaría viviendo su seguro de vida. Echemos un vistazo más de cerca a estos ejemplos.

La pareja prospera contra la pareja pobre

Ahora, exploremos la estrategia A, gastando sus activos (ilustrados en la Tabla 1 en la página siguiente):

Tenemos dos parejas teóricas de edades similares, con el mismo conjunto de productos de inversión comprados a lo largo de los años, que culminan en el siguiente escenario. Las cuatro personas tienen 60 años, y "La Pareja Prospera" tiene $1 millón de seguro de vida completo pagado y "La Pareja Pobre" acaba de cancelar su seguro de término. Ambas parejas tienen una pensión de $3,000 por mes, $1 millón de capital inmobiliario, $1 millón de certificados de depósito gravables y están en la categoría impositiva del 35 por ciento.

De los 60 a los 80 años, la Pareja Prospera de la izquierda pasa sus CD por lo que ya han pasado a los 80 años, usa su seguro de vida, se siente confiado y piensa desde la abundancia, y a los 80 años coloca su hogar (querían reducir su tamaño) en un fideicomiso caritativo, aumenta su ingreso y, sin embargo, asegura que sus hijos obtengan algo de dinero en efectivo al momento de su muerte.

De los 60 a los 80 años, la pareja Pobre de la derecha solo se interesa en sus CD, ignora su seguro de vida, teme y piensa a partir de la escasez, ya los 80 años le gustaría dar más a la caridad, pero tiene miedo de quedarse sin nada de dinero y tener que depender de sus hijos y no quieren vender su hogar "grande" por temor a pagar tanto en impuestos de ganancias de capital.

De los 60 a los 80 años, La Pareja Prospera tiene $732,147

DISTRIBUCIÓN

Account Value: 1,000,000	Illustration Period: 21	Account Value: 1,000,000
Earnings Rate: 5.00%	State Income Tax: 0.00%	Earnings Rate: 5.00%
EOY Withdrawal: (77,996)	Federal Tax Bracket: 35.00%	EOY Withdrawal: (50,000)
Withdrawal Increase: 0.00%	Tax Credit For Losses	Withdrawal Increase: 0.00%
Tax On Earnings		Tax On Earnings

Year	Beg. Of Year Acct. Value	Earnings Rate	Gross Withdrawal	Tax Payment	Net Spendable	Beg. Of Year Acct. Value	Earnings Rate	Gross Withdrawal	Tax Payment	Net Spendable	Compare Dist.1-Dist.2
1	1,000,000	5.00%	(77,996)	(17,500)	60,496	1,000,000	5.00%	(50,000)	(17,500)	32,500	27,996
2	972,004	5.00%	(77,996)	(17,010)	60,986	1,000,000	5.00%	(50,000)	(17,500)	32,500	28,486
3	942,608	5.00%	(77,996)	(16,496)	61,500	1,000,000	5.00%	(50,000)	(17,500)	32,500	29,000
4	911,742	5.00%	(77,996)	(15,955)	62,041	1,000,000	5.00%	(50,000)	(17,500)	32,500	29,541
5	879,333	5.00%	(77,996)	(15,388)	62,608	1,000,000	5.00%	(50,000)	(17,500)	32,500	30,108
6	845,304	5.00%	(77,996)	(14,793)	63,203	1,000,000	5.00%	(50,000)	(17,500)	32,500	30,703
7	809,573	5.00%	(77,996)	(14,168)	63,829	1,000,000	5.00%	(50,000)	(17,500)	32,500	31,329
8	772,055	5.00%	(77,996)	(13,511)	64,485	1,000,000	5.00%	(50,000)	(17,500)	32,500	31,985
9	732,662	5.00%	(77,996)	(12,822)	65,175	1,000,000	5.00%	(50,000)	(17,500)	32,500	32,675
10	691,299	5.00%	(77,996)	(12,098)	65,898	1,000,000	5.00%	(50,000)	(17,500)	32,500	33,398
11	647,868	5.00%	(77,996)	(11,338)	66,658	1,000,000	5.00%	(50,000)	(17,500)	32,500	34,158
12	602,265	5.00%	(77,996)	(10,540)	67,456	1,000,000	5.00%	(50,000)	(17,500)	32,500	34,956
13	554,382	5.00%	(77,996)	(9,702)	68,294	1,000,000	5.00%	(50,000)	(17,500)	32,500	35,794
14	504,105	5.00%	(77,996)	(8,822)	69,174	1,000,000	5.00%	(50,000)	(17,500)	32,500	36,674
15	451,315	5.00%	(77,996)	(7,898)	70,098	1,000,000	5.00%	(50,000)	(17,500)	32,500	37,598
16	395,884	5.00%	(77,996)	(6,928)	71,068	1,000,000	5.00%	(50,000)	(17,500)	32,500	38,568
17	337,682	5.00%	(77,996)	(5,909)	72,087	1,000,000	5.00%	(50,000)	(17,500)	32,500	39,587
18	276,570	5.00%	(77,996)	(4,840)	73,156	1,000,000	5.00%	(50,000)	(17,500)	32,500	40,656
19	212,403	5.00%	(77,996)	(3,717)	74,279	1,000,000	5.00%	(50,000)	(17,500)	32,500	41,779
20	145,027	5.00%	(77,996)	(2,538)	75,458	1,000,000	5.00%	(50,000)	(17,500)	32,500	42,958
21	74,282	5.00%	(77,996)	(1,300)	76,696	1,000,000	5.00%	(50,000)	(17,500)	32,500	44,196
TOTAL	0	5.00%	(1,637,918)	(223,271)	1,414,647	1,000,000	5.00%	(1,050,000)	(367,500)	682,500	732,147

Present Value .... Valor Presente
Annual Payment .... Pago Anual
Future Value .... Valor Futuro
Year / Years .... Año / Años
Annual Interest Rate .... Tasa Anual Intereses
Account Value .... Valor de la Cuenta

Earnings Rate .... Tasa de Ingresos
Withdrawal Increase .... Incremento Retiro
Tax on Earnings .... Impuestos Sobre Ingresos
Illustration Period .... Periodo de Ilustración
State Income Tax .... Impuesto Sobre la Renta
Gross Withdrawal .... Retiro Bruto

Tax Payment .... Pago Impuesto
Net Spendable .... Neto Gastable
Beg. of Year Acct. Value ...... Valor Real de la Cuenta Principio Año
Tax Credit for Losses .... Crédito Sobre Impuestos por Pérdida

más de ingresos durante el período de 21 años. (Ver columna de la derecha).

Esta diferencia se calcula observando el ingreso de solo intereses de la Pareja Pobre del 5 por ciento × $1,000,000 para un ingreso neto de $32,500 frente al ingreso de "amortización de capital más intereses" de la Pareja Prospera de $60,496 en el primer año, creciendo a $76,696 en el primer año. Obviamente, la Pareja Pobre todavía tendrá sus $1,000,000 y la Pareja Prospera no tendrá; sin embargo, La Pareja Prospera continúa utilizando cualquiera de las otras estrategias enumeradas aquí para continuar con sus ingresos. También observe en la tabla de la página anterior cuánto menos impuestos pagó la Pareja de la Prosperidad debido a esta estrategia de pago reducción o reducción de gasto.

Ahora, analicemos más de cerca la estrategia B, hipotecando o utilizando una hipoteca inversa en su hogar:

A los 80 años, las parejas también podían hipotecar sus casas para aumentar sus ingresos. Esto se haría en lugar de donar la casa a Fondo Remanente de Caridad como se indica anteriormente para que puedan seguir viviendo en ella.

(Las hipotecas inversas proporcionan ingresos libres de impuestos, especialmente efectivos cuando se combinan con una póliza de seguro de vida para pagar la deuda en el momento de su muerte).

A los 90 años, podrían comenzar a retirar dividendos de seguros de vida en efectivo para compensar la inflación. Y a la edad de 95 o 100 años, podían vender su póliza de vida si lo deseaban o lo necesitaban, utilizando el dinero para complementar sus ingresos, contratando a un asistente, financiando una casa de retiro o por cualquier motivo que elijan.

Por lo general, la venta de su póliza de seguro de vida se conoce como un "Acuerdo de Vida". Esto se realiza en un entorno confidencial y controlado por el depósito en garantía en el que los inversores compran su póliza: le pagan más dinero del que la compañía de seguros podría pagar en efectivo neto, pero menos que El beneficio de muerte. También se puede usar un banco o un individuo privado para lograr esto, básicamente aprovechando el beneficio de muerte por adelantado.

Por último, echemos un vistazo a la estrategia C, regale más a la caridad para aumentar sus deducciones de impuestos:

Sabiendo que tendrá un mayor ingreso debido a las estrategias que se presentarán en la Fase 4, puede elegir entregar cantidades más altas antes, lo que aumentaría sus deducciones, permitiéndole pagar menos impuestos y, en consecuencia, tener un ingreso más alto.

> "Los productores entienden que la mejor manera de reducir el costo de su seguro (no el precio) es comprar la mayor cantidad posible, porque cada momento que pasa preocuparse por la pérdida es un momento en el que no está pensando productivamente, y ese momento no puede ser recapturado."
> — *Matar vacas sagradas por Garrett Gunderson*

Preguntas de la fase 3 para que pienses:

1. ¿A quién conoces que vive solo de intereses porque teme gastar su capital inicial?

2. ¿Cómo podrían su casa e incluso su hipoteca convertirse en herramientas para darle acceso a un mayor flujo de efectivo en sus últimos años?

3. ¿Qué pasos podría tomar hoy para actuar como la pareja prospera?

FASE 4—Uso del beneficio por muerte o del valor nominal
(Años 41 a 50 de la póliza)

Hay siete maneras en que puede usar su beneficio de muerte o la cantidad nominal mientras vive. Estos se pueden combinar o utilizar como estrategias independientes.

Como se señaló en la Parte 1, el seguro de vida ayuda a las personas con una amplia variedad de antecedentes financieros. Para quienes perciben ingresos modestos, los pagos de las primas se convierten en una estrategia importante para los ahorros forzados. Además, las personas con ingresos medios terminan con más dólares ahorrados fuera de la póliza debido a la flexibilidad de la cuenta CLUE y la ausencia de una montaña rusa financiera que los afecta. Por último, el seguro de vida ayuda a las personas con mayores cantidades de dinero a medida que se dirigen a la edad de jubilación al permitirles gastar sus propios activos de manera más eficiente. Este último grupo podría tener $1 millón o $1 mil millones, pero los conceptos siguen siendo los mismos.

A continuación, se incluyen siete ejemplos de cómo utilizar el beneficio por fallecimiento de su seguro de vida mientras vive. A medida que las lea, considere cómo tener muchas pólizas más pequeñas es realmente mejor que una o dos pólizas grandes, porque puede realizar estas siete estrategias con esa cantidad de pólizas.

1. EL DESEMBOLSO

Los jubilados típicos gastan solo intereses, dejando su capital en manos de las instituciones financieras. Adivina quién se beneficia de esto? ¡Las instituciones y el gobierno lo hacen, y tú no! Vea la Tabla 1 en la página 36 donde le mostramos cuánto gana el gobierno en impuestos mientras deja su capital en la institución en una cuenta sujeta a impuestos. Esto sucede también en una cuenta de impuestos diferidos; es menos dramático, ya que no vemos que suceda todos los años, porque el problema se aplaza.

En lugar de dejar sus dólares a la merced de los impuestos y las tarifas, puede retirar intereses y una parte del capital cada año en lo que se denomina una reducción de gastos o una amortización. Cuando hace esto, recibe más dinero, paga menos impuestos y deja menos dólares en control de la institución financiera.

Esta estrategia debe ocurrir primero con todos los fondos del plan calificado como 401 (k) y las IRA, así como con cualquier SEP, IRA simples y 401 (k). Créelo o no, el Plan Calificado (IRA, etc.) es el último activo con el que desea morir.

Muchos asesores recomiendan continuar aplazando estas cuentas, y para algunos eso puede tener sentido, pero cada cliente cuya situación hemos analizado tendrá más dinero para gastar y más para regalar si pagará estas cuentas.

En segundo lugar, utilice todas las cuentas sujetas a impuestos como CD, mercados monetarios, cuentas de acciones, fondos mutuos, bonos, etc. Si no está seguro de sus plazos (como los 21 años que usamos en la página 22), le sugerimos que retire un 8 por ciento. La mayoría de los planificadores sugerirían 4 por ciento o 6 por ciento, pero esto no es suficiente para remover el capital suficiente. Si el 8 por ciento no pone a cero la cuenta en aproximadamente veinte años, le sugerimos que utilice una tasa de interés aún más alta.

Esta estrategia de reducción de gastos requiere una Fase 4, que es lo que debe hacer una vez que haya gastado todo su dinero y no haya dejado nada en las cuentas líquidas. Las diversas opciones en la Fase 4 son las siguientes formas de utilizar su beneficio de muerte mientras vive. Nuevamente, podrías usarlos por separado o juntos. Este puede ser un concepto difícil de entender, así que obtenga ayuda de alguien que pueda explicárselo claramente antes de que esté listo para tomar decisiones. Si tiene entre 20, 30 o 40 años, todo lo que necesita recordar es: "Puedo usar el beneficio por fallecimiento de mi seguro de vida cuando tenga 80 años".

La historia de Pat y Pam: usar su beneficio de muerte mientras viven

Pat y Pam condujeron su noveno auto nuevo por el camino, hablando sobre cómo recuerdan cuando aprendieron la manera más eficiente de comprar y financiar autos, unos treinta años antes. Su pegatina de parachoques decía: "También gastamos la herencia de nuestros hijos y se la entregamos a ellos". Mientras se reunían con sus amigos para la cena, Pat explicó que podían gastar sus propios bienes más libremente, sabiendo que quedaría un beneficio de muerte. Para los niños y nietos.

2. HIPOTECA INVERSA

Recuerde, el valor de una casa es doble: un lugar para vivir y un activo potencial que puede venderse, aprovecharse o transmitirse a los hijos o nietos. Si combina una hipoteca inversa con un seguro de vida, su flujo de efectivo aumentará y sus herederos estarán en mejores condiciones (con más flexibilidad) después de morir. Implementar una hipoteca inversa para obtener un ingreso libre de impuestos de su casa pagada (o casi pagada) es un uso eficiente de un activo perezoso, si es que puede ver los beneficios y dejar de preocuparse por pagar su casa.

Esta estrategia aumenta su deuda, pero también permite que el beneficio por fallecimiento del seguro de vida se pague, si así lo desea. Algunas personas luchan con las ramificaciones morales del concepto o sus propias expectativas de tener un "hogar pagado", a pesar de que ha sido una estrategia viable durante años.

No todos los corredores de hipotecas están familiar-izados con estos préstamos, así que mire antes de saltar. (Podemos hacer una recomendación si no puede encontrar un corredor que tenga experiencia con hipotecas revertidas). También tenga en cuenta que incluso si su pago hipotecario se desvanece o se convierte en un flujo de ingresos con una hipoteca revertida, usted será responsable de los impuestos de la propiedad, seguro de vivienda y mantenimiento.

3. TOME AHORA LOS DIVIDENDOS DEL SEGURO DE VIDA EN EFECTIVO

Esta es una estrategia para usar más adelante en la vida. Cambie de usar dividendos para comprar adiciones paga-das a hacer que se paguen en efectivo. Esto puede comple-mentar sus ingresos, lo que puede significar la diferencia entre un viaje en automóvil y un viaje en avión, o lo que es más importante, la diferencia entre sobrevivir y vivir de verdad. El dividendo anual puede tomarse en efectivo libre de impuestos, hasta su base. "Base" se define como la cantidad total de dinero que ha pagado como primas y adi-ciones pagadas. Si excede su base, entonces su dividendo (si se toma en efectivo) estará sujeto a impuestos, aunque podría cambiar a préstamos en ese momento y evitar que se grabe el flujo de ingresos, de acuerdo con el actual I.R.S. ley (ley del sistema tributario). Le sugerimos que siga haci-endo el pago de la prima todos los años para permitir que el dividendo siga aumentando y mantenerse al día con la inflación, pero dependiendo de su circunstancia, esto puede no ser necesario.

4. MAXIMIZACIÓN DE PENSIONES

Esto sugiere una estrategia para aquellos de ustedes con pensiones de beneficios definidos, por lo que debe elegir entre tomar ingresos solo durante su vida (pago único de vida) o durante dos vidas (pago conjunto de vida). Si tiene un seguro de vida en vigor, puede tomar el pago más alto (pago único), sabiendo que cuando usted muera, su cónyuge recibirá el dinero del beneficio por fallecimiento y puede convertirlo en un flujo de ingresos (para reemplazar lo que pudo haber sido el ingreso de la pensión).

Hay situaciones en las que esta estrategia de maximización de las pensiones también se puede utilizar con los pagos de la seguridad social.

5. APROVECHAR EL BENEFICIO VENDIENDO

El comprador puede ser una empresa pública o una parte privada, o puede utilizarlo como garantía. En primera instancia, usted vende su póliza a una compañía de liquidación de vida, que se especializa en comprar beneficios por fallecimiento por más de lo que las compañías de seguros pagan por ellos. Por lo general, los inversionistas de compañías de liquidación de vida buscan pólizas de alguien con 80 o más años de edad con una esperanza de vida de 1 a 7 años. Las pólizas de vida universal son populares entre estas compañías porque tienden a tener bajos valores en efectivo, por lo tanto, se pueden comprar por menos.

La cantidad que su compañía de seguros le daría es la "cantidad actual de rescate de valor efectivo neto", que es la cuenta de valor en efectivo que ha estado usando todo el tiempo. El acuerdo de vida puede ser más, dependiendo de su edad y salud en ese momento. Del mismo modo, puede hacer lo mismo con una fiesta privada o un miembro de la familia que esté dispuesto a correr el riesgo. (¡Siempre recomendamos discutir las decisiones con sus hijos, ellos pueden hacerle una mejor oferta para mantener los activos en la familia!

La venta de su beneficio de muerte a una empresa o una parte privada termina su control sobre la póliza de cualquier forma, al igual que la venta de una escritura a un activo de bienes raíces termina su control de la propiedad.

Por último, también podría utilizar el beneficio por muerte como garantía. Recuerde, en este punto, estamos discutiendo la fase de su póliza cuando tenga 80, 90 o más años. Entonces, a esa edad, podría ir a un banco o particular y asignarles a ellos parte o todos sus beneficios de muerte a cambio de prestarle algo de dinero. Esto lo dejaría en control y con la capacidad de pagarlos en cualquier momento y obtener el control sobre su póliza nuevamente. Finalmente, cuando usted muera, se pagarán y su familia recibirá el resto del beneficio por fallecimiento.

6. EL FONDO REMANENTE DE CARIDAD (CRT) (por sus siglas en Inglés)

Esta es una forma de vender un activo muy apreciado (como acciones, bienes raíces o un negocio) a través de una organización benéfica sin pagar tanto el impuesto a las ganancias de capital como si lo vendiera directamente. Aquí hay un proceso CRT muy simplificado:

1. Dar el activo a una organización benéfica;
2. Obtener una deducción por el regalo;
3. Dejar que la caridad venda el activo;
4. La organización caritativa invierte el dinero y
5. Le paga un flujo de ingresos.
6. La organización benéfica recibe el resto del dinero cuando usted muere, y
7). Su familia obtiene el seguro de vida.

En este proceso, el paso 5 sería la forma en que usaría su beneficio por fallecimiento mientras vive. La mayoría de las personas no seguirían esta estrategia si eso significara que su familia no obtendría nada, pero al contar con su seguro de vida, su familia se hace "completa" en el paso 7.

Los fideicomisos de fondos caritativos pueden funcionar especialmente bien con hogares, negocios y activos que son "difíciles de compartir", especialmente si los herederos viven en diferentes partes del país y tienen intereses diferentes. Al utilizar el seguro de vida como un "igualador", esta estrategia puede ayudar a prevenir las disputas familiares, así como a reducir los impuestos, proporcionar ingresos y contribuir a una causa digna.

7. ANUALIZAR LA PÓLIZA

Puede cancelar la póliza con la compañía de seguros que la proporciona. La mayoría de las compañías de seguros brindarán esta opción, pero es algo que querría hacer bastante tarde ya que es irrevocable, y con algunos tipos de anualidades, mientras más edad tenga, más ingresos mensuales podrá recibir.

Elegirá un período de tiempo: 10 o 20 años, esperanza de vida o de vida más una cierta cantidad para los beneficiarios. Luego, la compañía de seguros le garantizará una cierta cantidad de ingresos por el período de tiempo que elija. Sería una alternativa a venderlo a un tercero como un acuerdo de vida. Esta estrategia también funciona bien cuando tienes múltiples pólizas.

Preguntas de la fase 4 para que pienses:

1. ¿A quién conoces sentado en una casa pagada que no tiene ningún flujo de efectivo para disfrutar de la vida?

2. ¿A quién conoces que se está preparando para tomar una decisión importante sobre su plan de pensiones y cómo obtener ingresos de este?

3. ¿A quién conoces que posee una póliza de seguro de vida y no estás seguro de qué hacer con ella?

4. ¿A quién conoces con un activo muy apreciado, pero tienen miedo de venderlo debido a la alta obligación tributaria?

FASE 5—Configuración del "Banco Familiar"
(años 51+ de la póliza)

Idealmente, morirá tarde en la vida con (1) la mayoría de sus activos agotados y (2) su patrimonio neto completo, en su punto más alto, pagado a su familia y organizaciones benéficas en forma de un beneficio de muerte libre de impuestos. del seguro de vida que posee. Recuerde que la cantidad "correcta" de seguro de vida es de quince a veinte veces su ingreso (el valor de su vida humana) o una vez su valor neto, el que sea mayor.

Con la documentación adecuada de planificación patrimonial, esta suma global de efectivo podría crear un "banco familiar" por el cual sus nietos y bisnietos podrían pedir prestadas sumas de dinero para buscar oportunidades. Esta es la forma en que las familias ricas se mantienen ricas por generaciones: reemplazan sus activos al pasar de cada generación y compran un seguro de vida en el nacimiento de cada bebé.

El banco familiar puede tener una Junta de Directores o Fideicomisarios que toman decisiones de préstamos. Idealmente, cada prestatario debe firmar pagarés, pagar intereses y principios y, en general, tratar el activo como si fuera un banco comercial (¡las sanciones están incluidas!).

Cuán específico desea diseñar su banco familiar depende de usted. Y el propio documento legal que gobierna el banco familiar es generalmente un fideicomiso cambiante hasta que usted muere, momento en el cual se vuelve irrevocable. También puede dejar cantidades específicas del beneficio por fallecimiento a organizaciones benéficas o miembros de la familia en particular según sus deseos.

Una nota importante sobre la planificación patrimonial: La mayor parte de la planificación patrimonial se centra en el impuesto predial como el principal problema. Como resultado, el patrimonio no se maximiza porque la planificación típica del patrimonio reduce el valor del patrimonio. El enfoque de la economía de la prosperidad es hacer crecer el patrimonio lo más grande posible, pagar un impuesto al patrimonio, pero también terminar con más dinero. Piense en esta pregunta: ¿preferiría tener un patrimonio más grande y deber un impuesto o tener un patrimonio más pequeño y no deber ningún impuesto?

Preguntas de la fase 5 para que pienses

1. ¿Le gustaría poder configurar a su familia con una oportunidad bancaria que puedan usar mientras usted vive y cuando se ha ido?

2. ¿Tiene organizaciones benéficas que le gustaría seguir apoyando después de su muerte?

3. ¿Tiene curiosidad acerca de las diversas formas de usar su seguro de vida mientras vive? Luego, comuníquese con las personas que sugirieron este libro y le mostrarán formas específicas que podrían funcionar para su situación para que pueda usar su seguro de vida también.

GLOSARIO

¡No te saltes esta parte!

Como mencionamos al principio, este pequeño libro es el manual del propietario que faltaba para su póliza de vida completa. Este glosario lo ayudará a comprender las "partes móviles" de su póliza y cómo funcionan en conjunto. Algunos de los términos también sirven como una revisión de algunos de los conceptos cubiertos en las primeras tres partes del libro.

Definiciones de piezas de trabajo:

A. Prima

B. Valor en efectivo (porción garantizada)

C. Dividendos que compran adiciones pagadas automáticas (PUA) (por sus siglas en inglés)

D. Valor en efectivo bruto = (b + c) (aunque algunas compañías de seguros lo llaman valor en efectivo neto)

E. Adiciones pagadas automáticas

F. Adiciones manuales pagadas

G. Renuncia de prima

H. Beneficio por muerte o valor nominal

I. Aumento del beneficio por muerte.

J. Intereses cobrados sobre el valor en efectivo prestado

K. Propietario

L. Asegurado

M. Préstamo de prima automática (APL)

N. Pólizas de pago reducido (RPU)

O. Costo de oportunidad

P. Tasa interna de retorno

A. Prima

El pago mensual o anual que realiza a la compañía de seguros que ingresa a su cuenta y también paga el beneficio por fallecimiento. Ayuda a auto-imponer la disciplina y ayuda a mover el dinero (que es un principio crítico para hacer que crezca). El efecto es que un dólar de prima hará al menos cinco trabajos: acumulará valor en efectivo, generará dividendos, mantendrá la exención de la prima (vea G), aumentará el beneficio por muerte y brindará la capacidad de apalancamiento.

B. Valor en efectivo

Para toda la vida, una cifra en dólares garantizada, que es la cantidad en la cuenta (no una tasa de interés garantizada). Se garantiza que esta cuenta aumentará cada año, incluso si la compañía no paga un dividendo. Se establece anualmente un nuevo "fondo" (mínimo) en la fecha de aniversario de su póliza, y nunca puede bajar mientras usted o su valor en efectivo o sus dividendos paguen primas.

C. Dividendos

Una cantidad pagada a usted por ser un propietario de la póliza, o si la compañía de seguros de vida es "mutua" en lugar de "acciones", por ser un propietario de la compañía. La palabra "dividendo" en este contexto es un término confuso ya que no se comporta como un dividendo en acciones. Una vez que los dividendos de la póliza han sido pagados, se convierten en parte del valor en efectivo garantizado, que aumenta de forma garantizada cada año, incluso si no se pagan dividendos.

Hay muchas maneras de usar dividendos; la mayoría de las empresas tienen al menos veinte opciones para elegir y puede cambiarlas con la frecuencia que desee. La mejor opción en los primeros años es generalmente las adiciones pagadas automáticamente (ver E), que aumentan automáticamente el valor en efectivo, el beneficio por fallecimiento y la futura capacidad de obtención de dividendos.

Los dividendos no están sujetos a impuestos, siempre y cuando queden en la póliza para comprar más adiciones pagadas (ver E). Tampoco se gravan cuando se toman prestados. Y no se cobran impuestos sobre el retiro hasta que exceda su base (el monto de la prima que ha puesto más las adiciones pagadas manualmente que ha agregado).

D. Valor bruto en efectivo

Esto es B más C, la cantidad contra la cual puedes pedir prestado. Esta es su cuenta, 100% de su propiedad y controlada por usted. Recuerde el método CLUE de la página 21: Control, Liquidez, Uso, Equidad.

CONTROL: Lo posee, lo controla, dice cuándo, dice cuánto, quién, con qué frecuencia y por qué. El gobierno, un banco o su puntaje de crédito no determinan el tamaño de sus contribuciones, su acceso a los fondos y el uso potencial del dinero.

LIQUIDEZ: esta cuenta es 100% líquida dentro de diez días en la mayoría de las compañías de seguros. (Tenga en cuenta que es posible que no haya mucho valor neto en efectivo en los primeros años de la póliza, pero lo que haya allí es 100% disponible).

USO: Incluso si nunca mueve un dólar, su cuenta de valor en efectivo es el lugar más eficiente y efectivo para almacenar dinero. Es eficiente porque crece de una manera con impuestos diferidos (sujeto a impuestos solo si cancela), y es efectivo porque puede obtener un préstamo contra él mientras crece al valor bruto. Es el mejor lugar para almacenar dinero de "tranquilidad".

Y como una navaja suiza o un teléfono inteligente, puede usar su cuenta de varias maneras, como por ejemplo:

- Ahorros de emergencia;
- un "fondo de oportunidad" empresarial como la liquidez para un pago inicial, un préstamo puente o la compra de una propiedad de alquiler que fluye de efectivo;
- Liquidez para financiamiento de negocios, compras de arrendamiento, etc.;
- una cobertura contra riesgos como los fondos mutuos que aún puede tener en un plan de jubilación;
- un plan de ahorro para la universidad que no disminuirá la oportunidad de su hijo o nieto de calificar para recibir ayuda financiera.
- dinero para financiar sus propias compras (o incluso las de alguien más) o para consolidar una deuda con intereses más altos;

- una fuente de ingresos que le permite la capacidad de secuenciar el gasto de sus otros activos de manera más eficiente;
- una forma simple y eficiente de pagar impuestos a los herederos, antes o después de su muerte.

EQUIDAD: Solo piensa en bienes raíces. La equidad en bienes raíces se apalanca. Puede pedir prestado contra él, pero el activo subyacente sigue creciendo, sin verse afectado por la deuda. Este es el aspecto más incomprendido de este producto. Lo tomas prestado contra él, pero no lo sacas. El efectivo neto

El valor es lo que queda de pedir prestado. Por ejemplo, si tiene $100,000 de valor en efectivo bruto y pide prestado $40,000, su cuenta seguirá creciendo como si fuera $100,000, no $60,000.

NOTA para E y F: *Los términos "automático" y "manual" son míos. Las compañías de seguros no las usan, pero las tengo aquí para ayudarlo a comprender cuáles son sus oportunidades.*

E. Adiciones pagadas automáticas

Estos son los que compran los dividendos y lo hacen automáticamente (suponiendo que elija esto como su elección de dividendo). El dividendo compra una póliza en miniatura (que se agrega a la póliza base) que tiene valor en efectivo, dividendos y beneficios por muerte que aumentan anualmente.

Piense en ello como un árbol frutal que crece de un árbol

joven a un árbol frutal grande. Ahí está el tronco del árbol, luego cada nueva rama agrega potencial para que el árbol produzca más frutos. Juntos, el tronco, las ramas y el fruto crecen exponencialmente de forma compuesta.

Nos gustan las adiciones pagadas (automáticas o manuales) porque le permiten poner más dinero en efectivo en la póliza y que sea líquido casi de inmediato. ¡Es como injertar una nueva rama en el árbol!

F. Adiciones manuales pagadas

Estos son pagos en efectivo que se pueden agregar de forma opcional. Actúan de la misma manera que las adiciones pagadas automáticamente, lo que le permite aumentar su valor en efectivo más rápidamente, además de aumentar su beneficio por fallecimiento. Algunas empresas son más flexibles con esto que otras. Algunos permiten pagos mensuales, otros solo anuales. Algunos requieren un poco ($100) para mantener la puerta abierta (usarla o perderla), mientras que otros no. En cualquier caso, este es un entorno manual, uno que controlas al 100 por ciento dentro de los lineamientos de la compañía y el I.R.S.

Un punto importante: puede ser demasiado bueno. Agregue demasiado dinero en adiciones pagadas manualmente y su póliza de seguro de vida (con una ley tributaria muy efectiva) se convertirá en un Contrato de Dotación Modificado - MEC (con una ley tributaria que no es efectiva). Así que asegúrese de conocer la interpretación de su compañía particular de las reglas de I.R.S y manténgase dentro de ellas. Esto debería despertar tu curiosidad: si el I.R.S establece una regla sobre la cantidad máxima de dinero que podrías poner en un lugar determinado, tal vez ese lugar tenga algún valor.

G. Renuncia de prima (WP)

No todos son aprobados para esto, así que si lo haces, deberías aceptarlo. Paga la prima (y, a veces, dependiendo de cómo esté estructurada, también el usuario de la adición manual pagada) si queda incapacitado por un período de tiempo mínimo, dependiendo de la compañía. El período de espera suele ser de seis meses y el período de pago a menudo se extiende hasta los 60 o 65 años con varias definiciones de discapacidad.

La exención de la prima *no es* un seguro por incapacidad, sino una disposición que permitirá que su seguro de vida siga creciendo y se le agreguen nuevas primas, si está incapacitado y no puede agregarlo usted mismo. Aumenta la certeza económica debido a la naturaleza de "autocompletado" de la cobertura. Mientras que las primas se están pagando bajo el anexo de WP, el valor en efectivo y el beneficio por muerte siguen aumentando y los dividendos podrían tomarse en efectivo para complementar cualquier otro ingreso.

Es interesante tener en cuenta que si tiene un seguro temporal con WP, la mayoría de las compañías de seguros le permitirán convertir su vida a una persona con discapacidad. ¿Qué dice eso de lo que es menos costoso a largo plazo?

H. Beneficio por muerte o valor nominal

El beneficio por muerte es justo lo que implica: usted muere, y la compañía paga. Sin embargo, dado que esa oportunidad es estadísticamente improbable en los primeros años, solo estaremos agradecidos por la tranquilidad de saber que nuestros seres queridos recibirán atención monetaria si vamos antes. "Valor Nominal" es solo otro término para la misma cosa.

I. Aumento del beneficio por muerte.

En la mayoría de las pólizas de vida, el beneficio por fallecimiento o el monto nominal aumenta cada año. Este beneficio puede ser definido por una palabra: inflación. Con los avances médicos y científicos, es posible que algunos de ustedes vivan 100 años más. Se podría pensar que la inflación del 5 por ciento es alta; sin embargo, aquí no estamos hablando del estándar del gobierno aquí, si no de su estándar, para el cual se incluyen los viajes, la atención médica de primera categoría y la escolarización a un ritmo mucho más rápido. Querrá que su beneficio de muerte aumente a un ritmo acelerado.

J. Interés

La cantidad que la compañía de seguros le cobra cuando pide prestado su dinero. Sí, está tomando prestado SU dinero; su valor en efectivo es la garantía. Los préstamos contra su valor en efectivo tienen un costo de interés que generalmente oscila entre el 5 y el 8 por ciento, según la compañía. En nuestra investigación, descubrimos que realmente no hace tanta diferencia como usted pensaría. La tasa de interés de préstamo más baja que suelen usar las compañías de seguros de vida es una tasa variable (en comparación con una tasa de interés fija pero más alta). Consulte también la sección de "reconocimiento directo" al final del glosario.

¿Quieres que las empresas con las que haces negocios sean rentables? ¿Cree que las compañías de seguros, los bancos, las compañías hipotecarias y las agencias de corretaje mueven su dinero todo el tiempo en lugar de ponerlo en cuentas y dejarlo allí durante 30 años? Como probablemente respondió sí a ambas preguntas, pensemos por qué la compañía de seguros le cobra intereses cuando pide prestado contra su valor en efectivo o su cuenta CLUE. La pregunta más común es: "¿Por qué tengo que pagar intereses para usar mi propio dinero?" La respuesta es que no.

Puede retirar su dinero de la cuenta de valor neto en efectivo del seguro de vida y seguir su camino. O puede dejar su dinero allí para crecer y pedir prestado el dinero de la compañía de seguros garantizado por su valor en efectivo, similar a un préstamo con garantía de CD. Usted paga a la compañía de seguros una tasa de interés por el uso de su dinero. La cuenta de valor en efectivo es suya para hacer lo que quiera. La compañía de seguros le pagará dividendos de su póliza en función del valor bruto en efectivo, independientemente de si existe un préstamo en contra del valor en efectivo o no. Si elige no colateralizar su cuenta y conseguir que haga más trabajos (consulte la página 17), la compañía de seguros lo colateralizará entre sus activos de la cuenta general y lo usará para hacer muchos trabajos para ellos.

"¿Por qué pagar el 8 por ciento a una compañía de seguros de vida cuando puedo pedir un préstamo al 6 por ciento de un banco?", Puede preguntar. Micro-económicamente, viendo la pregunta en un vacío, no deberías. Pero macro-económicamente, considerando el panorama general, a veces pagar una tasa de interés más alta vale la pena por el aumento de la flexibilidad. Dado que usted controla el préstamo en la compañía de seguros de vida (a diferencia del banco o del concesionario de automóviles), la opción de pagar el 8 por ciento le otorga libertad y flexibilidad para omitir los pagos o demorar más si es necesario para pagarlos. No es que deba, pero al menos tiene la libertad de hacerlo.

También tiene la libertad de usar su póliza como garantía y buscar una tasa de interés más baja del banco. En la actual tasa de interés baja medio ambiente, esta podría ser una opción deseable, especialmente si su crédito es excelente.

"¿Por qué devolverle el 15 por ciento a mi compañía de seguros cuando solo me cobran el 8 por ciento?" Si el mercado está cobrando el 15 por ciento por un préstamo para equipo, puede pedir un préstamo del 8 por ciento, luego pagar la diferencia del 7 por ciento en su póliza en el La forma de una adición manual pagada le permitirá beneficiarse del acuerdo de financiamiento como lo haría un banco. Puede, literalmente, pagar la diferencia cada mes o guardarlo y agregarlo anualmente. La Verdadera Banca

Familiar (ver fase 5) requeriría que la diferencia del 7 por ciento sea justa y cuadrada con el mercado, que es donde opera su economía.

K. Propietario

Esta suele ser la persona que paga la prima, definitivamente la única persona que puede pedir prestado contra el valor en efectivo y controlar todas las partes operativas, y con frecuencia (pero no siempre) el asegurado.

L. Asegurado

La persona sobre la que se escribe la póliza. Cuando esta persona muere se paga la prestación por fallecimiento. Si el asegurado no es el propietario, el asegurado no tiene ningún derecho sobre la póliza. Sin embargo, el propietario puede otorgar la póliza al asegurado en algún momento en el futuro sin ninguna transferencia por valor. (Piense en iniciar este tipo de póliza para su hijo y para un futuro regalo).

M. Préstamo de prima automática

Puede tener un nombre diferente en diferentes compañías, pero esta función puede ayudarlo en tiempos de problemas de flujo de efectivo, al reciclar literalmente el valor en efectivo para pagar las primas y luego aumentar el valor en efectivo. Funciona de la misma manera que un préstamo regular, pero en lugar de que el dinero le llegue a usted, el dinero va a la compañía de seguros de vida para pagar la prima, de modo que su valor en efectivo aumenta y su préstamo aumenta. Es una estrategia para usar durante algunos años mientras vuelve a la pista, no una para usar para siempre.

N. Pago Reducido

Este es el salvador del "final de la cuerda" en el caso de que el flujo de efectivo simplemente muera y no veas una luz al final del túnel durante muchos años. La compañía de seguros reduce su beneficio por fallecimiento y hace que su póliza se "pague", por lo que no se requieren ni se permiten más primas. No es una estrategia que pueda deshacer, pero evitará que pierda el dinero que ha pagado hasta ahora.

O. Costo de oportunidad

El costo de oportunidad es lo que pierde cuando deja que los dólares se transfieran innecesariamente a una institución financiera o al gobierno, o se siente improductivo cuando podrían estar generando intereses. Parafraseando a Heymann y Bloom en Costo de oportunidad en finanzas y contabilidad, "el valor de un recurso está determinado por su uso en la mejor alternativa ofrecida".

¿Recuerda la historia de Mark y Mary sobre la educación de sus hijos de la página 28? Si hubieran usado un plan 529, le habrían dado ese dinero a la universidad y se habría ido, lo que causaría un gran costo de oportunidad porque ese dinero y todo su crecimiento se encontraba en la universidad en lugar de en sus propias cuentas. Sin embargo, al tomar prestado contra el valor en efectivo del seguro de vida o bienes raíces para pagar la educación de sus hijos, Mark y Mary pueden educar a sus hijos y mantener el activo en crecimiento.

Una nota sobre el reconocimiento directo

Hay dos métodos diferentes que usan las compañías de seguros para manejar el valor en efectivo prestado: el reconocimiento directo y el reconocimiento no directo. En una compañía de reconocimiento no directo, la tasa de ganancias sobre el valor en efectivo no se ve afectada por ningún préstamo contra el valor en efectivo. En una empresa de reconocimiento directo, las tasas de ganancias sobre el valor en efectivo prestado se ven afectadas tanto positiva como negativamente cuando el valor en efectivo se utiliza como garantía.

En general, el valor en efectivo prestado tiene una tasa de dividendo que es un cierto número de puntos básicos inferior al interés cobrado en el préstamo. Entonces, si la tasa actual de crédito de dividendos es menor que la tasa de crédito de reconocimiento directo, entonces el valor en efectivo se ve afectado positivamente. Si la corriente-

La tasa de acreditación de dividendos es mayor que la tasa de crédito de reconocimiento directo, entonces el valor en efectivo se ve afectado negativamente.

Por ejemplo, digamos que la tasa actual de crédito de dividendos es del 6,5 por ciento, y la tasa del préstamo es del 8 por ciento, con todo el valor en efectivo prestado obteniendo una reducción de "100 puntos básicos" (1 por ciento) de la tasa del préstamo (reduciéndola a 7 por ciento). Siendo ese el caso, dado que el 7 por ciento es obviamente mayor que el 6.5 por ciento, los préstamos contra su valor en efectivo realmente mejoran su situación porque su tasa de crédito de dividendos será del 7 por ciento para el valor en efectivo del préstamo y del 6.5 por ciento para el valor en efectivo no prestado.

Después de todo el análisis que hemos realizado en muchas compañías y pólizas, encontramos que de cualquier manera funciona bien. Tal vez considere tener ambos!

P. Tasa Interna de Retorno

La tasa interna de rendimiento de una póliza es lo que el valor en efectivo de la póliza está ganando, después de los costos tales como el beneficio por fallecimiento, las comisiones y otros gastos de la póliza. A partir de este escrito en 2015, eso es entre 4 y 5% por año. Con lo que puede contar es que siempre está unos pocos puntos porcentuales por encima de lo que pagaría un banco en cuentas de líquidos similares, como las cuentas de ahorros y las del mercado monetario.

Conclusión

Hemos discutido las cuatro partes principales de vivir su seguro de vida. El primero es comprender el concepto de crear riqueza para la vida utilizando un seguro de vida, un vehículo financiero de siglos de antigüedad que ha resistido la prueba del tiempo. Una póliza de seguro de vida con valor en efectivo es un activo que pagará dividendos de muchos tipos a lo largo de su vida y más allá.

La segunda parte es establecer una cuenta "CLUE" y usar el valor en efectivo. Esto se puede hacer desde la edad de 1 a 81 años aproximadamente. El valor en efectivo puede permanecer en la póliza y ser su "cuenta de paz mental" líquida o ser prestado y utilizado para otros tipos de oportunidades o inversiones apalancadas.

Luego, dependiendo de la edad, la salud y otros instrumentos financieros que tenga en ese momento, cambia el enfoque al beneficio por muerte, generalmente alrededor de los 75 u 80 años o incluso 90. Y, literalmente, vive su seguro de vida utilizando el beneficio por muerte mientras están viviendo. Las siete estrategias que cubrimos en esa sección se pueden usar solas o combinadas entre sí para producir un flujo de ingresos que generalmente es más alto, debido a menos impuestos, de lo que podría tener sin el beneficio por muerte del seguro de vida.

Finalmente, le proporcionamos un glosario de términos en un lenguaje sencillo para que pueda entender realmente lo que significan esas declaraciones de su compañía de seguros de vida. Y sabrá cómo pedir lo que quiere si termina hablando con un representante de la línea 800 números (porque la persona que le vendió la póliza ya no está disponible). Es muy importante mantener las pólizas vigentes, y para hacer eso, debe comprender lo que les está sucediendo. Dado que este es un producto financiero, literalmente utilizará toda su vida (de ahí el nombre del producto), querrá tomarse el tiempo para aprender todas las partes funcionales.

Ahora comenzará a ver el seguro de vida de manera diferente. No como algo para morir, sino como algo para vivir. No como una póliza para sentarse en un cajón, sino como una herramienta para mejorar su vida. Es algo para ser financiado y utilizado, no denigrado y visto como un mal necesario.

Si tiene preguntas sobre cómo hacer que esto funcione para usted, contacte a la persona que lo refirió a este libro. O si es cliente de Partners for Prosperity, LLC, llámenos al

877-889-3981 o visítenos en www.partners4prosperity.com y solicite una revisión.

Cerramos nuestro libro con la siguiente cita de *El hombre más rico de Babilonia* por George S. Clason:

La sexta cura, de siete - "asegurar un ingreso futuro"

Seguramente, cuando un pago tan pequeño realizado con regularidad produce resultados tan rentables, ningún hombre puede darse el lujo de no asegurar un tesoro para su vejez y la protección de su familia, sin importar cuán prósperos sean sus negocios e inversiones.

Me gustaría que pudiera decir más sobre esto. En mi mente descansa la creencia de que algún día los hombres de pensamiento sabio idearán un plan para asegurar contra la muerte por el cual muchos hombres pagan una suma insignificante con regularidad, y el conjunto es una suma atractiva para la familia de cada miembro que pasa al más allá. Esto lo veo como algo deseable y que podría recomendar altamente. Pero hoy no es posible porque debe ir más allá de la vida de cualquier hombre o cualquier sociedad para operar. Debe ser tan estable como el trono del rey. Algún día siento que tal plan se hará realidad y será una gran bendición para muchos hombres, porque incluso el primer pago pequeño proporcionará una fortuna cómoda para la familia de un miembro en caso de que se transmita.

Pero debido a que vivimos en nuestros días y no en los días por venir, debemos aprovechar esos medios y maneras de lograr nuestros propósitos. Por lo tanto, recomiendo a todos los hombres que, por medio de métodos sabios y bien pensados, proporcionen un bolso delgado en sus años de madurez. Un bolso delgado para un hombre que ya no puede ganar o para una familia sin proveedor es una tragedia dolorosa. Esta es la sexta cura para un bolso delgado: proporcione con anticipación las necesidades de su edad y la protección de su familia.

Lectura Adicional

Pirates of Manhattan, Barry Dyke, 555 Publishing, 2007

Become Your Own Banker: Unlock the concept of infinite banking, R. Nelson Nash, Banca infinita, 2006

Beyond Majority Thinking: Helping remove uncertainty from your financial future, Ronald Schutz, SMART Press, 2002

Learning to Avoid Unintended Consequences, Leonard Renier, Infinity Publishing, 2003

The Richest Man in Babylon, George S. Clason, Publicación de sello, 1988

Opportunity Cost in Finance and Accounting, H.G. Heymann y Robert Bloom, Quorum Books, 1990

Killing Sacred Cows: Overcoming the Financial Myths That Are Destroying Your Prosperity, Garrett Gunderson y Stephan Palmer, Greenleaf Book Group LLC, 2008

Confessions of a CPA: Why What I Was Taught to Be True Has Turned Out Not to Be, Bryan S. Bloom CPA, Infinity Publishing, 2011

Confessions of a CPA: The Truth About Life Insurance, Bryan S. Bloom CPA, Amazon Digital Services Inc., 2014

Financial Independence in the 21st Century, Dwayne y Suzanne Burnell, FinancialBallGame, 2014

Sobre el Autor

Kim D. H. Butler es un líder en el Prosperity Economics Movement (Movimiento de Economía de la Prosperidad) y una experta a menudo entrevistada en seguros de vida total e inversiones alternativas. También es autora de *Busting the Financial Planning Lies* (*Derribando las Mentiras de la Planeación Financiera*), que explora la diferencia entre la planificación financiera "típica" y estrategias utilizadas por los ricos para crear prosperidad, y *Busting the Retirement Lies* (*Derribando las Mentiras del Retiro*), un manual para repensar la jubilación, tanto financiera como culturalmente.

Kim comenzó su carrera en la banca y luego trabajó como planificadora financiera, obteniendo sus licencias de las Series 7 y 65, y su designación de CFP®. Pero se desilusionó con el tiempo, al darse cuenta de que las prácticas de planificación financiera típicas eran irrelevantes, engañosas e incluso dañinas. Las proyecciones y supuestos de la planificación financiera típica dieron a los clientes una falsa sensación de seguridad, pero no resultados garantizados. Las estrategias recomendadas someten el dinero a más impuestos futuros y lo ponen bajo el uso y control de otros. Lo peor de todo, ¡el sistema recompensó a los planificadores cuando convencieron a los clientes de poner (y mantener) su dinero en riesgo!

Impulsada a encontrar una mejor manera, Kim estudió los puntos en común entre los constructores de riqueza. Ella observó lo que funcionó y lo que no funcionó en el mundo real, y encontró sinergia entre las estrategias que siguieron ciertos principios. Estos principios comunes más tarde se convirtieron en los 7 Principles of Prosperity (7 Principios de la Prosperidad), una base del Prosperity Economics Movement.

En 1999, Kim dejó su compañía establecida y creó Partners for Prosperity, LLC, dedicada a los principios de la economía de la prosperidad. Butler también es mentor de muchos como coach asociado de Strategic Coach y con su esposo, Todd Langford, a través de The Summit for Prosperity Economics Advisors (La Cumbre de Asesores para la Prosperidad Económica).

El trabajo de Kim como asesor financiero ha sido recomendado por líderes de opinión financiera y autores como Robert Kiyosaki (*Rich Dad, Poor Dad*), Tom Dyson, editor del boletín de inversiones *Palm Beach Letter*, Tom Wheelright (*Tax-Free Wealth*), y Garret Gunderson (*Matando Vacas Sagradas*).

Ha sido entrevistada por Robert Kiyosaki, consultada por la carta de Palm Beach sobre estrategias de "Ingresos para la vida", ha aparecido en el popular programa de radio Real Estate Guys y, con frecuencia, es co-presentadora de The Prosperity Podcast show en iTunes.

Cuando Kim no está ocupada preparando estrategias con sus clientes, le da un buen uso a su energía y hábil resistencia al disfrutar del tiempo con su familia, hacer caminatas, trabajar en la granja de alpaca de su esposo Todd Langford y leer.

Por último, Kim agradece a Bobby Mattei, Andrea Lazerus, Monica Felton y muchos otros colegas por su ayuda para mejorar este libro, y para Kate Phillips por su amplia asistencia en la producción de la segunda edición revisada y ampliada.

• • • • •

Para ponerse en contacto con Kim D. H. Butler o para recibir una ilustración de un seguro de vida y / o asistencia con la implementación de las estrategias de *Vive tu Seguro de Vida*, contáctanos en Partners for Prosperity, LLC.

Acerca del Prosperity Economics Movement (Movimiento de la Economía de la Prosperidad)

Antes del surgimiento de los planes de jubilación calificados, el 401 (k) siempre presente y la industria de planificación financiera, las personas acumularon riqueza con diligencia y estrategias de sentido común. Los inversionistas crearon riqueza a través de la creación de capital y propiedad en propiedades, negocios y participando (dividendo pagando) el seguro de vida total. Solo unos pocos incursionaron en las acciones de Wall Street, o construyeron "carteras" en papel.

De hecho, las personas ricas nunca han dejado de practicar lo que llamamos "Economía de la prosperidad".

Hoy en día, el inversor común se aleja de los métodos tradicionales de creación de riqueza. En cambio, se enfrentan a un confuso laberinto de fondos, tasas e instrumentos financieros complejos de valor cuestionable. Los fondos mutuos se han vuelto tan complicados que incluso las personas que los venden no pueden explicarlos ni predecir cuándo los inversores están a punto de perder dinero. Peor aún, con el tiempo, más del 30 por ciento de la riqueza del inversor promedio se gasta en comisiones a una industria financiera llena de conflictos de intereses.

El Prosperity Economics Movement (P.E.M.) es un redescubrimiento de las formas tradicionales sencillas y confiables de crecer y proteger su dinero. Comenzó a proporcionar a los inversores estadounidenses una alternativa a la planificación financiera "típica", mostrándonos cómo controlar nuestra propia riqueza en lugar de delegar nuestros futuros financieros a las corporaciones y al gobierno.

En Economías Prosperas (Prosperity Economics), la riqueza no se mide por la cantidad de dinero que tienes, sino por la cantidad de libertad que tienes con tu dinero. La atención se centra en el flujo de efectivo en lugar de patrimonio neto. La liquidez, el control y la seguridad se valoran sobre las esperanzas inciertas de una alta tasa de rendimiento.

La planificación financiera típica es mejor que nada, y lo llevará a la mitad de la colina, pero queremos mostrarle cómo alcanzar los "picos" de la prosperidad. Economías Prosperas le muestra cómo hacer crecer su patrimonio de manera segura y confiable, con la máxima flexibilidad financiera y flujo de efectivo.

Si bien las estrategias y el pensamiento de Economías Prosperas han existido durante muchos años, solo fueron acuñadas recientemente bajo ese término y oficialmente organizadas como un movimiento por el autor financiero Kim Butler y el desarrollador de software financiero, Todd Langford.

El Prosperity Economics Movement es una organización sin fines de lucro compuesta por expertos financieros que practican Economías Prosperas y personas que desean aprender cómo aplicar los principios de Economías Prosperas para mejorar sus vidas. Este libro es parte de un creciente cuerpo de información que apoyará a la organización y sus miembros.

Para obtener más información o comprar su propia copia de este libro, vaya a:

ProsperityPeaks.com

o

LiveYourLifeInsurance.com

Vive tu Seguro de Vida también está disponible en Amazon.com

¿Necesitar Ayuda?

Para recibir instrucciones personalizadas sobre cómo implementar el producto (lo que compra) y las estrategias (lo que hace) en este libro, contáctenos en Partners for Prosperity, LLC: Para programar una consulta o una reunión con Kim D. H. Butler, comuníquese con Jill al (877) 889-3981 ext. 120 o jill@partners4prosperity.com.

También puede enviarnos cualquier pregunta o comentario para dar la welcome@partners4prosperity.

Nos pondremos en contacto con usted en el plazo de un día hábil (si no es que antes).